Aidez votre enfant à vivre le divorce

Aidez votre enfant à surmonter les situations familiales difficiles et à grandir heureux

Lisa M. Schab

Broquet

97-B, montée des Bouleaux,
Saint-Constant, Qc, Canada J5A 1A9
www.broquet.qc.ca info@broquet.qc.ca
Tél. : 450 638-3338 Téléc. : 450 638-4338

Catalogage avant publication de Bibliothèque et Archives nationales du Québec et Bibliothèque et Archives Canada

Schab, Lisa M.

Aidez votre enfant à vivre le divorce

(Guide d'entraide pour parents et enfants)

Traduction de : *Divorce Workbook for Children.*

ISBN 978-2-89654-079-2

1. Enfants de divorcés - Psychologie. 2. Divorce - Problèmes et exercices. I. Titre.

HQ777.5.S3214 2009 306.874 C2009-940592-X

Pour l'aide à la réalisation de son programme éditorial, l'éditeur remercie :

Le gouvernement du Canada par l'entremise du Programme d'aide au développement de l'industrie de l'édition (PADIÉ) ; la Société de développement des entreprises culturelles (SODEC) ; l'Association pour l'exportation du livre canadien (AELC).

Le gouvernement du Québec – Programme de crédit d'impôt pour l'édition de livres – Gestion SODEC.

Note de l'éditeur

Cette publication a été conçue dans le but de donner des informations justes et documentées à propos du sujet abordé, mais le lecteur comprendra qu'elle ne peut tenir lieu de services psychologiques, financiers, juridiques ou autres. Si vous avez besoin d'aide professionnelle, retenez les services d'un professionnel compétent.

Titre original : *Divorce Workbook for Children.*

Crédit photographique
Page couverture © Innershadow | istock.com

La photo de la page couverture représente un mannequin utilisé uniquement à des fins d'illustration.

Pour l'édition canadienne en langue française :
Traduction : Anne-Marie Courtemanche
Révision : Andrée Laprise
Correction d'épreuves : Marcel Broquet
Infographie : Annabelle Gauthier

Dépôt légal — Bibliothèque et archives nationales du Québec
2e trimestre 2009

Imprimé au Canada

ISBN 978-2-89654-079-2

Table des matières

Note pour les parents

Chaque année, des milliers d'enfants vivent les difficultés du divorce et malgré les meilleures intentions des parents, il affecte les enfants autant à court qu'à long terme. Certains enfants, en raison de leur personnalité ou d'autres problèmes, seront particulièrement vulnérables face aux changements qu'entraîne un divorce.

Nous savons que les parents peuvent minimiser les effets du divorce sur leurs enfants. Les cinq choses les plus importantes sont :

- Ne pas bousculer la routine des enfants.
- Ne pas se quereller devant eux.
- Ne pas critiquer l'autre devant les enfants.
- Consulter un spécialiste si nécessaire et ne pas demander aux enfants de nous réconforter.
- Garder l'autre parent présent dans la vie des enfants.

Ce cahier d'exercice tente une nouvelle approche qui pourra vous aider à rendre le divorce moins difficile pour vos enfants. Les activités proposées apporteront aux enfants des habiletés émotives et sociales qui leur permettront de mieux faire face à la situation et de mieux résister au stress.

Les activités proposées ressemblent à celles qu'un psychologue utiliserait pour faciliter la vie d'un enfant durant un divorce. Elles aideront les enfants à exprimer leurs sentiments, à ne pas être impliqués dans les querelles du couple, à faire face au changement, etc. Chaque activité tente d'apprendre à l'enfant une nouvelle habileté émotive. Toutes ces habiletés lui seront très utiles en d'autres situations.

Les enfants acquièrent l'intelligence émotive tout comme ils apprennent les matières scolaires ou les techniques sportives. Votre enfant aura probablement besoin de vos conseils pendant qu'il travaillera avec ce cahier et surtout, il aura besoin de votre encouragement.

Alors que vous aidez votre enfant, vous remarquerez peut-être qu'il lui est difficile d'aborder certains sujets. Si c'est le cas, ne le forcez jamais à le faire. Le meilleur moyen d'apprendre à un enfant à s'ouvrir est d'être un bon exemple. Partagez avec lui vos pensées, vos sentiments et vos expériences en lien avec chacune des activités. Mettez l'accent sur les méthodes positives que vous avez adoptées pour faire face à ces problèmes. Vos paroles auront un impact sur son comportement, même s'il ne réagit pas immédiatement.

Ce cahier d'activités a été conçu pour venir en aide aux enfants dont les parents divorcent, mais votre enfant aura peut-être besoin d'une aide supplémentaire. Certains enfants affectés par le divorce de leurs parents peuvent sombrer dans la dépression, l'anxiété ou connaître des troubles de comportement. Si la réaction de votre enfant face au divorce vous inquiète, vous devriez consulter un spécialiste. En plus de rencontrer une personne ressource, l'enfant pourrait participer à un groupe de discussion sur le divorce, dans lequel les enfants partagent leurs expériences avec d'autres enfants du même âge. Parlez-en avec le psychologue de son école.

Si votre enfant a besoin de consulter un professionnel (ou s'il le fait déjà), considérez ce livre comme une aide additionnelle. Montrez-le à la personne ressource qui pourra vous fournir de nouvelles idées pour mieux l'utiliser.

Il n'y a pas de mauvaise façon d'utiliser ce livre d'exercices, dans la mesure où vous demeurez patient et respectueux des sentiments de votre enfant.

Sincèrement,

Lawrence E. Shapiro, Ph.D.

Introduction

Cher lecteur ou lectrice,

Si on t'a donné ce livre, c'est que tes parents ont divorcé ou s'apprêtent à le faire.

Il faut que tu saches que tu n'es pas seul(e) à vivre cette expérience. C'est pourquoi j'ai écrit ce livre. Pendant que tu lis cette lettre, il y a une multitude d'enfants dans le pays qui le font aussi et qui font les mêmes activités parce que leurs parents ont divorcé eux aussi.

Le divorce va entraîner des changements dans ta vie. Il sera plus facile pour toi de vivre ces changements si tu fais les activités décrites dans le livre et si tu apprends comment t'occuper de toi et à développer ta « capacité de faire face ». Tu vas découvrir plusieurs outils pour t'y aider. Tu apprendras qu'il existe plusieurs personnes dans ton entourage, incluant tes parents, qui pourront t'aider durant cette difficile expérience du divorce. Partage ton expérience avec d'autres au fur et à mesure que tu complètes les activités.

Tu n'as peut-être pas l'habitude de parler des sujets qui sont abordés dans ce livre. Ce n'est pas grave. Plus tu avanceras, plus te familiariseras avec les mots et les idées. Souviens-toi qu'il n'y a ni de bonnes ni de mauvaises réponses. Ce n'est pas un examen ou un test. Tout ce que tu dois faire, c'est inscrire la réponse qui te convient, celle que t'inspirent tes sentiments en fonction de ton expérience.

Tu n'es pas obligé(e) de faire chacune des activités. Certaines seront très utiles, mais d'autres peuvent ne pas avoir de liens avec ton cas personnel. Cela est parfait aussi. Demande à un adulte de choisir les activités qui te seront les plus utiles.

Rappelle-toi : il faut que tu sois patient(e) avec toi-même. Apprendre peut prendre un certain temps, mais tu peux le faire ! Bonne chance et amuse-toi.

Lisa M. Schab

Accepter le divorce de ses parents

Ce que tu dois savoir

Traverser un divorce peut être pénible. Il faut penser à plusieurs choses, faire des changements, vivre beaucoup de sentiments. C'est vrai pour tous ceux qui sont concernés. Le parcours sera plus facile pour toi si tu fais deux choses : exprimer tes sentiments et tes pensées et trouver des gens pour t'aider.

Quand Marc a appris que ses parents divorçaient, il ne l'a pas cru. Il avait déjà entendu parler du divorce, mais jamais il n'avait cru que cela pourrait arriver dans sa famille. Durant quelques jours, il pensa que ce n'était qu'un mauvais rêve. Il se dit que s'il n'en parlait pas, cela ne surviendrait pas. Il pensa que c'était une mauvaise blague de ses parents.

Mais quand il a posé la question, ses parents lui ont dit que c'était vrai. Sa mère quitterait bientôt la maison pour aller vivre chez ses parents durant un moment. Puis ses parents verraient un avocat, signeraient des papiers et ils ne seraient plus mariés.

Lorsque Marc a vu sa mère faire ses valises, il a découvert la réalité. Cela provoqua sa colère. Il cria, lui lança un oreiller et il courut se réfugier dans sa chambre. Puis il se mit à pleurer. Il cria encore et donna des coups de pied dans le lit. Il ne savait pas quoi faire. Il voulait revenir en arrière. Il ne voulait pas que ses parents se séparent et il était effrayé par tous les sentiments qu'il sentait naître en lui.

Les parents de Marc sont venus dans sa chambre et se sont assis sur le lit. Ils lui ont demandé de dire ce qu'il ressentait. Ils ont expliqué qu'ils l'aideraient à maîtriser ses sentiments. Et ils ont ajouté qu'ils l'aiderait durant cette période difficile, tout comme ses grands-parents, le chef des Scouts et son professeur à l'école.

Activité 1

Accepter le divorce de ses parents

Instructions

Où étais-tu quand tes parents t'ont appris qu'ils divorçaient ? Dessine-le. Sous le dessin, écris ce qu'ils ont dit et ce que tu as dit.

Mes parents ont dit____

J'ai dis ____

Encore plus

Regarde ton dessin. Écris ce que tu as pensé quand c'est arrivé.

____

____

Quels étaient tes sentiments ? ______________________

____

Quel sentiment as-tu aimé ? ______________________

____

Quel sentiment tu n'as pas aimé ? ______________________

____

Qu'as-tu fait juste après que tu as appris la nouvelle ?

____

____

À la page 9, tu as découvert deux choses qui peuvent t'aider à supporter le divorce de tes parents. Transcris-les ici :

1. ____

____

2. ____

____

Peux-tu penser à d'autres moyens qui pourraient t'aider ?

____

____

____

Accepter le divorce de ses parents

Les gens qui t'aiment peuvent t'aider durant des périodes difficiles. Dresse une liste des gens qui pourraient t'aider à faire face au divorce de tes parents.

Le divorce est un problème d'adultes

Activité 2

Ce que tu dois savoir

Les gens divorcent pour de multiples raisons. Ce sont des raisons d'adultes reliées à des problèmes d'adultes.

Béatrice ne comprenait pas pourquoi ses parents ne voulaient plus être mariés. Elle ne connaissait pas les raisons du divorce qui allait séparer la famille. Elle a pensé que c'était peut-être de sa faute.

Béatrice le demanda à ses parents durant une visite chez la psychologue. « C'est parce qu'il y a des problèmes entre ton père et moi », répondit sa mère. Mais Béatrice ne savait pas quels étaient ces problèmes. Son père répondit que c'étaient des problèmes d'adultes. Ils ne parvenaient pas à s'entendre sur la manière de dépenser l'argent ou comment occuper leur temps. Ils se disputaient et se disaient des paroles méchantes et ils ne parvenaient pas à se pardonner. Ils avaient l'impression qu'ils ne s'aimaient plus comme c'était le cas quand Béatrice était née.

La psychologue expliqua que les gens divorçaient pour diverses raisons et elle fit une liste.

1. Parfois, les adultes se marient quand ils sont trop jeunes pour bien se connaître. En vieillissant, ils découvrent qu'ils sont trop différents pour former un bon couple.

2. Parfois, les adultes se font vraiment mal en utilisant des mots durs ou en faisant des gestes méchants. La douleur est si grande que le pardon semble impossible et ils ne veulent plus vivre ensemble.

3. Parfois, les adultes ne parviennent pas à s'entendre entre eux. Chaque sujet de discussion se transforme en dispute. Chaque dispute est importante et dure longtemps. Ils discutent tellement qu'ils se sentent mal tout le temps, tout comme le reste de la famille.

4. Parfois, les adultes ont des idées très différentes sur le genre de vie qu'ils souhaitent mener. Une personne peut souhaiter travailler tout le temps, alors que l'autre voudrait s'amuser continuellement. Un adulte peut avoir envie d'une grande famille et de vivre sur une ferme, alors que l'autre rêve d'une très petite famille et de voyager constamment.

Le divorce peut être provoqué par d'autres raisons ; ces raisons et ces situations sont des problèmes d'adultes.

Le divorce est un problème d'adultes

Instructions

Le divorce est le résultat de problèmes vécus exclusivement par les adultes. Les dessins qui suivent illustrent d'autres activités réservées seulement aux adultes. Que peux-tu dire de ces activités ?

Encore plus

Connais-tu d'autres activités qui sont réservées aux adultes? ______________________

____

Pourquoi crois-tu que ce sont des activités d'adulte? ______________________

____

Le divorce est un problème d'adulte. Connais-tu d'autres problèmes qui sont des problèmes d'adulte?

____

____

Qu'est-ce qui te fait penser cela?______________________

____

Relis, à la page 13, la liste des raisons qui expliquent pourquoi les gens divorcent. Connais-tu d'autres raisons pour divorcer?

____

____

Le divorce de tes parents va t'affecter. Mais il faut que tu te souviennes que c'est un problème d'adultes, un problème causé par les adultes et qui doit être résolu par eux.

Activité 3

Le divorce n'est pas provoqué par les enfants

Ce que tu dois savoir

Plusieurs enfants pensent que certains de leurs actes peuvent provoquer le divorce de leurs parents. Ce n'est jamais vrai. Le divorce est provoqué par quelque chose qui ne concerne que les parents, personne d'autre.

Quand les parents de Rosaline lui annoncèrent qu'ils allaient divorcer, elle pensa à tout ce qu'elle avait pu faire et qui aurait pu provoquer le divorce. Elle savait que ses parents étaient souvent en colère parce que sa chambre était en désordre. Si elle l'avait mieux rangée, peut-être que ses parents n'auraient pas divorcé. Elle pensa aussi à ses allergies qui faisaient en sorte que ses parents devaient la mener souvent chez le médecin et qu'ils dépensaient beaucoup d'argent pour ses médicaments. Sans ces allergies, ses parents seraient restés ensemble. Elle se souvint d'un matin en particulier. Elle avait raté l'autobus scolaire et ses parents s'étaient disputés pour décider qui irait la reconduire à l'école. Si elle n'avait pas été en retard, ses parents n'auraient peut-être pas divorcé.

Rosaline se sentait mal à cause du divorce et encore plus parce qu'elle croyait qu'elle pouvait en être responsable. Un jour, sa maman l'a surprise dans sa chambre alors qu'elle pleurait. Elle demanda à Rosaline ce qui n'allait pas. Quand elle lui expliqua ce qu'elle ressentait, son papa et sa maman lui parlèrent. Les problèmes étaient entre eux et jamais entre elle et eux. Rosaline n'avait rien à voir avec le divorce.

Après cette conversation, Rosaline se sentit réconfortée. Elle était toujours malheureuse à cause du divorce, mais au moins elle savait qu'elle n'en était pas responsable.

Le divorce n'est pas provoqué par les enfants

Instructions

As-tu déjà pensé que tu avais provoqué le divorce de tes parents ? ☐ Oui ☐ Non

Dessine ce que tu as en tête.

Décris ce que ce dessin représente.

____

____

Pourquoi penses-tu que ce que tu as fait a pu entraîner le divorce de tes parents ?

____

____

Encore plus

Après avoir fait cette activité, comprends-tu que les enfants ne provoquent pas le divorce de leurs parents ?

☐ Oui ☐ Non

Si tu penses que tu as fait quelque chose qui a causé le divorce de tes parents, il est très important d’en parler avec eux. Fais cette activité avec eux et explique-leur ton dessin. Explique-leur pourquoi tu penses avoir provoqué le divorce. Puis demande si tu as raison.

Écris leur réponse ici.

Parler du divorce avec tes parents

Activité
4

Ce que tu dois savoir

Parler avec tes parents de leur divorce peut t'aider à te sentir mieux

Quand les parents de Stéphane lui ont annoncé qu'ils divorçaient, il se sentit misérable. Il avait du mal à s'endormir et quand il y parvenait il avait parfois des cauchemars. Il pensait à tellement de choses, avait tellement de questions dont il ne connaissait pas les réponses. Verrait-il encore son père ? Est-ce que ses parents l'aimaient toujours ? Le divorce était-il de sa faute ?

Quand Stéphane commença à avoir de mauvaises notes, son professeur demanda à rencontrer ses parents avec Stéphane pour discuter de la situation. Ils demandèrent à Stéphane pourquoi il ne s'appliquait plus comme avant. Au début, le garçon haussa les épaules. Puis le professeur lui demanda si quelque chose le dérangeait. Stéphane eut peur de répondre mais finalement il plongea. Le divorce le dérangeait.

Ses parents expliquèrent qu'ils ne savaient rien de tout cela parce que Stéphane n'en avait jamais parlé. Le professeur dit qu'il était temps qu'ils en discutent ensemble. Ce soir-là, durant le repas, Stéphane exprima tous ses sentiments et posa toutes les questions qui le tourmentaient. Ses parents expliquèrent que ses sentiments étaient normaux et ils répondirent à toutes ses questions. Stéphane se sentit tellement mieux qu'il en fut surpris. Ses parents lui dirent qu'il pouvait continuer de leur parler de ses sentiments et de leur poser des questions quand il en avait besoin. Cette nuit-là, Stéphane dormit paisiblement et profondément.

Parler du divorce avec tes parents

Instructions

Parfois, il est difficile d'exprimer ses sentiments avec des mots. Utiliser les mots « je me sens » peut aider. Termine les phrases qui suivent.

Maman, Papa, quand vous m'annoncez que vous divorcez, je me sens ____________________

____

Maman, Papa, quand je pense au divorce, je me sens ____________________________

____

Maman, Papa, quand je pense à la famille qui se divise, je me sens ______________

____

Y a-t-il des choses que tu voudrais dire à tes parents ou des questions que tu souhaiterais leur poser ? Colle une photo ou dessine ton visage et celui de tes parents. Que souhaiterais-tu dire à tes parents ? Dis « Je me sens », puis utilise tes propres mots.

____

____

____

____

____

____

Encore plus

Pourquoi Stéphane n'a-t-il pas parlé du divorce avec ses parents ?

____

Pourquoi penses-tu qu'il a changé d'idée et qu'il a parlé de ses sentiments ?

____

Pourquoi Stéphane a-t-il mieux dormi après avoir parlé avec ses parents ?

____

Lis ce que tu as écrit en page 20. As-tu discuté de ces sujets avec tes parents ? ☐ Oui ☐ Non

Si tu as répondu non, sais-tu pourquoi ? ☐ Oui ☐ Non

Que va-t-il se passer, selon toi, si tu abordes ces sujets avec tes parents ?

____

Si tu trouves trop compliqué de parler à tes parents, tu pourrais leur montrer cette activité ou leur écrire un mot dans lequel tu décrirais tes questions et tes sentiments. Écris ce que tu leur dirais :

Cher Papa, chère Maman,

____

____

____

____

____

____

Je vous aime,

Parler du divorce aux autres

Ce que tu dois savoir

Il y aura des gens avec qui tu voudras parler du divorce parce que cela te réconfortera et d'autres avec qui tu ne voudras pas. C'est parfait.

Nathalie a aimé parlé du divorce de ses parents avec sa grand-mère qui la laissait parler et pleurer aussi. Sa grand-mère écoutait attentivement et ne ridiculisait jamais ses sentiments. Et elle la prenait gentiment dans ses bras.

Elle aimait aussi parler avec son amie Annie. Annie ne se moquait jamais ni ne la critiquait, peu importe ce que disait Nathalie. Annie lui jurait qu'elles seraient toujours amies.

Richard aimait bien parler avec M. Langlois, le psychologue de l'école. M. Langlois avait un bureau juste à côté de celui du directeur. Il insistait toujours pour assurer Richard que toutes leurs conversations resteraient confidentielles. Richard aimait bien voir tous ces livres dans le bureau du psychologue et il s'y sentait en sécurité.

Lors de la Soirée des parents, Richard fut gêné parce que seule sa mère l'accompagnait. Quelques camarades lui demandèrent pourquoi son père n'était pas là. Il ne voulut pas leur dire que ses parents avaient divorcé et que son père vivait maintenant dans une autre ville.

Instructions

Encercle les personnes avec qui tu aimerais parler du divorce de tes parents. Mets un X sur celles avec qui tu ne souhaites pas en parler. Si tu le souhaites, tu peux ajouter d'autres personnes

Ton meilleur ami

Ta tante

Un voisin

Ton professeur

Le chef des scouts

Le psychologue de l'école

Un policier

Ton entraîneur

D'autres camarades de classe

Tes grands-parents

Un oncle

Un psychologue à l'extérieur de l'école

Un cousin

Un autre enfant dont les parents sont divorcés

Parler du divorce aux autres

Dessine les gens à qui tu voudrais parler et écris leur nom sous le dessin.

Encore plus

Écris le nom de chacune des personnes à qui tu ne veux pas parler et explique pourquoi.

Écris le nom de chaque personne que tu as dessinée et explique pourquoi tu veux leur parler.

Si tu veux parler à ces gens du divorce, comment vas-tu les aborder pour qu'ils t'écoutent. Que pourrais-tu leur dire ?

Quelles pensées et quels sentiments souhaites-tu partager avec eux ?

Que répondrais-tu aux gens qui te posent des questions sur le divorce de tes parents si tu ne veux pas en parler ? Si tu ne connais pas la réponse, demande à un adulte de t'aider.

Ce qui ne change pas

Ce que tu dois savoir

Quand les parents divorcent, beaucoup de choses changent, mais beaucoup de choses restent identiques. Tu peux te rassurer et te calmer en te souvenant de ce qui ne change pas.

Quand les parents de Jérémie se sont séparés, il a eu l'impression que toute sa vie avait changé. Au début, tout lui semblait différent.

- Son père n'était pas à sa place au repas.
- Sa mère reprit le travail et il dut l'attendre au service de garde après l'école.
- Il ne pouvait plus courir leur souhaiter bonne nuit dans leur chambre à tous les deux.
- Au lieu de dormir tard le samedi matin, il devait se lever pour couper le gazon.
- Et le garage était vide parce que le camion de son père n'y était plus.

Jérémie expliqua à sa maman qu'il n'aimait pas tous ces changements. Sa mère l'écouta et dit: « On dirait que tout change, mais si tu y penses, beaucoup de choses restent inchangées. Si tu penses à ces choses qui ne changent pas, tu seras moins effrayé et moins nerveux. » Puis, assis à la table de la cuisine, ils dressèrent une liste de tout ce qui ne changeait pas. Jérémie se rendit compte que sa maman avait raison. S'il se concentrait sur ce qui restait comme avant, il se sentait beaucoup mieux.

Instructions

Voici un dessin de Jérémie entourée de phrases qui décrivent différentes choses dans sa vie. Si une de ces phrases décrit quelque chose qui a changé dans sa vie, souligne-la en bleu. Si la phrase décrit, malgré le divorce, des choses qui sont restées identiques, souligne-la en rouge.

Ceux qui l'aiment

Qui sont ses parents

Où vit son père

Son émission de télé préférée

Où dort son père

Sa couleur préférée

Son anniversaire

Où il se rend après l'école

Qui sont ses grands-parents

La couleur de ses yeux

Son plat préféré

Sa taille

Son nom

L'endroit où son père stationne son camion

Ses frères et sœurs

Ce qu'il fait le samedi matin

Encore plus

Tout comme pour Jérémie, des choses ont changé dans ta vie quand tes parents se sont séparés et d'autres sont restées identiques.

Dresse une liste de ce qui a changé.

______________________ ______________________

______________________ ______________________

______________________ ______________________

Dresse une liste des choses qui sont restées les mêmes.

______________________ ______________________

______________________ ______________________

______________________ ______________________

Comme Jérémie, as-tu été troublé(e) par ces changements ? ☐ Oui ☐ Non

Lesquels t'ont troublé(e) ? ______________________

____

Qu'as-tu fait pour te rassurer et te sentir mieux ?

____

____

____

Tu pourrais faire une copie de la liste des choses qui n'ont pas changé, l'installer sur ton miroir ou la conserver sur toi ou encore sur ta table de chevet. Souviens-toi que si tu te sens nerveux(se) ou craintif(ve), tu peux te rassurer en pensant à tout ce qui ne change pas dans ta vie.

Tes parents ne cessent pas de t'aimer

Activité 7

Ce que tu dois savoir

Même si les parents cessent de s'aimer, leur amour pour leurs enfants reste le même.

Maude et Maxime s'inquiétaient. Leurs parents leur avaient annoncé qu'ils divorçaient parce qu'ils ne s'aimaient plus. Les deux enfants se demandèrent si leurs parents pouvaient cesser de les aimer. Ils en discutèrent ensemble. Maxime proposa d'en parler avec leurs parents, mais Maude avait peur de ce que pourraient répondre leurs parents.

Un jour, ils posèrent la question et leurs parents répondirent que JAMAIS ils ne cesseraient de les aimer. Ils expliquèrent que le divorce était relié à l'amour entre eux et que parfois l'amour entre les parents peut disparaître. Cela n'a aucun rapport avec leur relation avec les enfants. L'amour entre les parents et les enfants ne disparaît jamais.

Tes parents ne cessent pas de t'aimer

Instructions

Il existe plusieurs formes d'amour tout comme il existe plusieurs formes de bonheur ou de colère. Certaines formes d'amour peuvent changer avec le temps, mais l'amour des parents pour les enfants dure toujours. Dans l'un des carrés, dessine-toi dans les bras de ta mère, dans l'autre, dessine-toi dans les bras de ton père.

Encore plus

As-tu déjà craint, comme Maude et Maxime, que tes parents ne t'aiment plus après le divorce ?

☐ Oui ☐ Non

Explique ta réponse. ____________________

____

Dresse une liste de choses que tu aimes maintenant mais que tu pourrais cesser d'aimer plus tard.

____________________ ____________________

____________________ ____________________

____________________ ____________________

____________________ ____________________

____________________ ____________________

Pourquoi cesserais-tu d'aimer ces choses ? ____________________

____

Pourquoi l'amour entre les parents et les enfants ne change-t-il jamais ? ____________________

____

Sais-tu que l'amour de tes parents ne cessera jamais ? ☐ Oui ☐ Non

Si tu as répondu oui, explique pourquoi. ____________________

____

Si tu as répondu non, montre cette activité à tes parents et parle avec eux de ta peur.

Activité
8

Mariés ou divorcés tes parents continuent à prendre soin de toi

Ce que tu dois savoir

Parfois, les enfants craignent que si leurs parents ne sont plus mariés, ils vont cesser d'être des parents. Ces enfants craignent de perdre leur maison ou de ne pas pouvoir compter sur quelqu'un pour prendre soin d'eux. Tu dois savoir que tes parents doivent continuer à prendre soin de toi même s'ils divorcent.

Quand les parents de Serena lui ont annoncé leur divorce, elle a eu peur. Son père déménageait et sa mère disait qu'elle ne pourrait plus payer la maison. Serena se demanda si elle serait de trop. Où dormirait-elle ? Pourrait-elle aller à l'école ? Elle ignorait complètement ce que l'avenir lui réservait.

Heureusement, Serena savait que s'inquiéter sans cesse augmenterait ses craintes. C'est pourquoi elle parla avec ses parents de ses inquiétudes. Elle fut complètement rassurée.

Ses parents lui expliquèrent que même divorcés, ils continueraient à prendre soin d'elle comme ils l'avaient toujours fait. Elle vivrait avec sa maman durant la semaine dans une plus petite maison et avec son papa la fin de semaine dans son appartement. Dans chaque maison, elle aurait son propre lit. Elle continuerait à fréquenter l'école comme avant. Ses parents lui dirent qu'ils s'occuperaient d'elle jusqu'à ce qu'elle soit une adulte comme ils l'avaient toujours prévu.

Serena fut heureuse d'avoir parlé avec ses parents. Maintenant, elle savait qu'il y aurait toujours quelqu'un pour s'occuper d'elle.

Mariés ou divorcés tes parents continuent à prendre soin de toi

Activité 8

Instructions

Ces enfants s'inquiètent. Ils se demandent qui prendra soin d'eux après le divorce. Colorie en vert les pensées qui correspondent à tes inquiétudes et en rouge celles qui ne t'inquiètent pas.

Encore plus

Comment Serena a-t-elle réussi à se sentir mieux malgré ses inquiétudes ? ____________________

____

____

Comment ces enfants peuvent-ils s'aider à se sentir mieux ou obtenir des réponses à leurs questions ?

____

____

Qu'est-ce qui t'inquiète ou que tu ne comprends pas à propos du divorce de tes parents ?

____

____

Comment peux-tu t'aider à te sentir mieux sur ces sujets ou obtenir des réponses à tes questions ?

____

____

Demande à tes parents ou à d'autres adultes qui peuvent t'aider, de répondre à tes questions. Écris leurs réponses.

____

____

____

D'autres personnes t'aiment

Activité
9

Ce que tu dois savoir

Il y a beaucoup d'autres personnes en plus de tes parents qui peuvent s'occuper de toi.

Pour un enfant, les parents sont généralement les adultes les plus importants de sa vie. Ils sont d'habitude ceux qui donnent le plus et qui investissent le plus dans l'éducation de l'enfant. Mais d'autres personnes peuvent aider les enfants.

Beaucoup d'adultes travaillent avec les enfants. Ce sont des enseignant(e)s, des psychologues, des médecins, des infirmières, des employés de garderie, des travailleurs(ses) sociaux(les) ou des dentistes. Les policiers aident les enfants et aussi les entraîneurs de soccer ou de natation ainsi que les chefs scouts.

Beaucoup d'adultes se préoccupent des enfants même si cela ne fait pas partie de leur travail. Les tantes, les oncles et les grands-parents se préoccupent de leurs nièces, de leurs neveux et de leurs petits-enfants. Les voisins peuvent prendre soin des enfants qui vivent sur la même rue. Parfois, les gens envoient de l'argent ou des denrées à des enfants dans le besoin qui vivent à l'étranger.

Tes parents sont certainement ceux qui s'inquiètent le plus pour toi. Mais il y a d'autres personnes autour qui se préoccupent de toi et qui peuvent t'aider. Ces gens peuvent t'aider durant le divorce et après. Tu pourras compter sur eux quand tes parents ne pourront pas t'aider.

Voici comment ces gens peuvent t'aider. Te reconduire là où tu dois aller, être avec toi quand tes parents sont absents, t'écouter, répondre à tes questions, jouer avec toi, te visiter, te faire la cuisine, t'aider à faire tes devoirs, t'apprendre des choses, t'accompagner au parc, regarder un film avec toi ou assister à un spectacle auquel tu participes.

Activité
9

D’autres personnes t’aiment

Instructions

Dessine ou colle une photo de toi dans le cercle au centre de cette page. Dans les cercles autour de ton image, dessine ou colle des photos de tous les adultes qui pourraient prendre soin de toi.

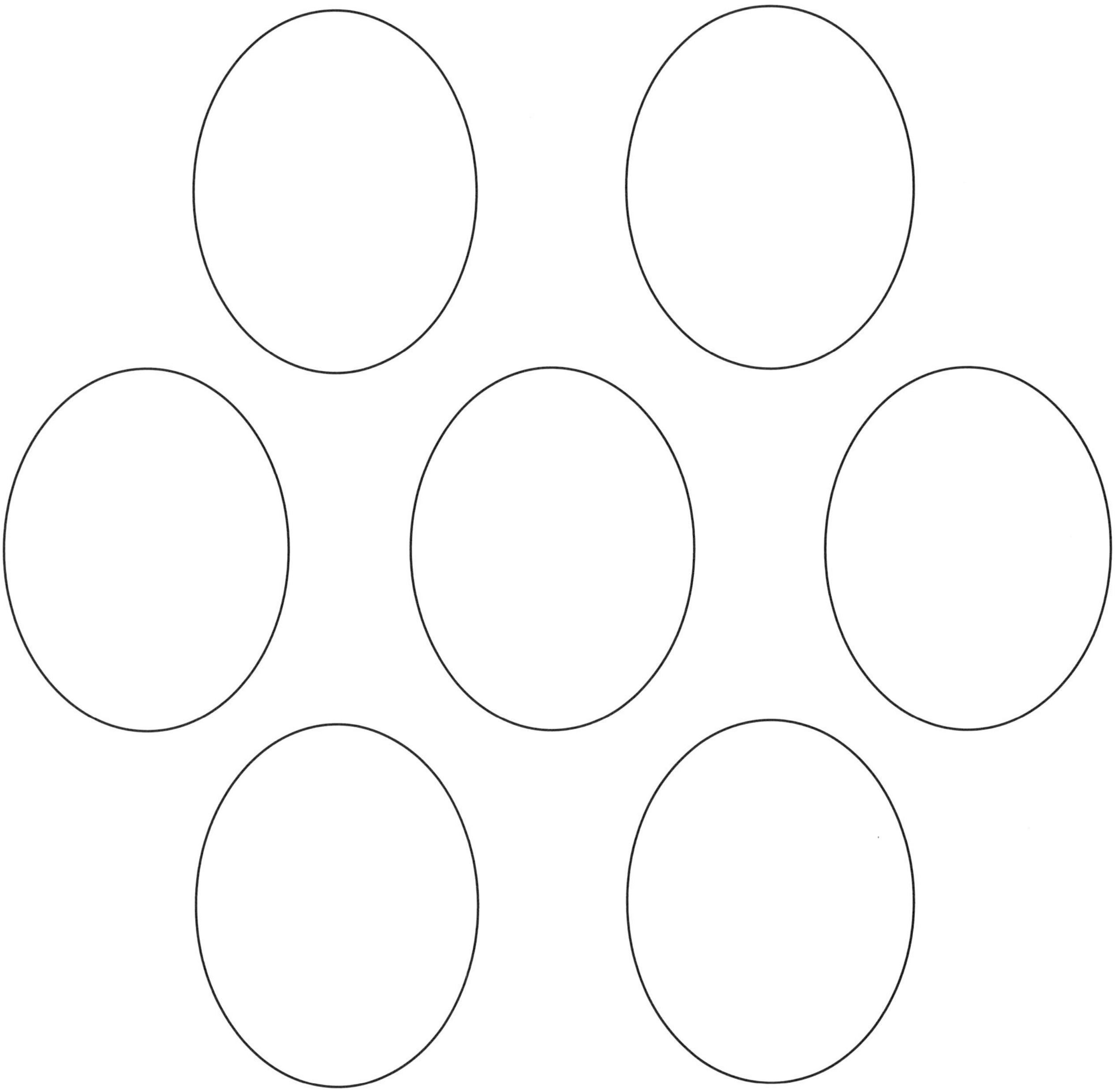

Encore plus

Écris leur nom. Depuis quand connais-tu ces gens ?

Comment chacune de ces personnes t’a-t-elle aidé(e) dans le passé ?

Que pourraient faire ces personnes pour prendre soin de toi quand tes parents seront divorcés ?

Activité

10

Les sentiments et le divorce

Ce que tu dois savoir

Il est normal de ressentir plusieurs sentiments différents quand tes parents divorcent. Tu peux même avoir plusieurs sentiments simultanément. En les exprimant, tu parviendras à mieux les maîtriser.

Quand tu exprimes tes sentiments en parlant ou en écrivant, tu peux les empêcher de grossir à l'intérieur. Si tu les retiens trop longtemps, tu peux avoir des maux de tête, des maux d'estomac, même des maux de dos. Réprimer fait souvent en sorte qu'ils explosent à l'extérieur au mauvais moment. Par exemple, tu pourrais être en train de lire à haute voix en classe et soudainement te mettre à pleurer parce que tu as réprimé trop longtemps ta tristesse. Si tu as un petit problème avec ton meilleur ami, la colère que tu caches pourrait sortir et tu pourrais le jeter au sol et lui faire mal.

Les activités dans ce livre peuvent t'aider à mieux exprimer tes sentiments à propos du divorce.

Les sentiments et le divorce

Activité 10

Instructions

Sous ces cercles, tu trouveras des sentiments que certains enfants ressentent quand leurs parents divorcent. Dessine des visages qui expriment les sentiments que tu as ressentis. Utilise les lignes pour nommer les autres sentiments que tu as eus, puis dessine-les dans les cercles au-dessus des lignes.

triste	en colère	apeuré(e)
confu(e)	nerveux(se)	heureux(se)
______	______	______

Encore plus

Note tous tes sentiments et explique pourquoi tu t'es senti(e) ainsi.

Quel sentiment as-tu préféré ?

Celui que tu as le plus détesté ?

Lesquels as-tu exprimés ?

Lesquels as-tu réprimés ?

Te sentais-tu mieux quand tu exprimais ou taisais tes sentiments ?

La tristesse

Activité **11**

Ce que tu dois savoir

Quand les parents divorcent, la plupart des enfants se sentent tristes.

La tristesse naît souvent quand on perd quelque chose. Tu peux perdre ta balle de baseball au parc. Tu peux perdre la montre que ton oncle t'a offerte. Tu peux perdre ta place dans la ligne d'attente pour le manège. Tu peux perdre un match. Tu peux perdre ton ticket de cinéma.

Quand tes parents divorcent, c'est ton ancienne famille que tu perds. Ton ancienne manière de vivre. Tu peux perdre la présence de tes parents en même temps. Toutes ces pertes provoquent de la tristesse.

La tristesse

Instructions

La tristesse s'exprime différemment selon chacun. Explique comment chacun des enfants de ces dessins montre sa tristesse. Dans le carré vide, dessine un portrait de toi étant triste.

Encore plus

Voici quelques raisons qui entraînent la tristesse chez les enfants quand leurs parents divorcent.

- Ils peuvent être tristes parce que leurs parents ne s'entendent plus.
- Quand ils sont chez papa, ils s'ennuient de la maison de maman.
- Ils verront moins souvent un des deux parents.
- Quand ils seront chez leur mère, ils ne pourront pas jouer avec leurs amis qui vivent près du domicile de leur père.

Qu'est-ce qui te rend triste dans le divorce de tes parents ?

____

Partage ton sentiment avec une personne en qui tu as confiance. Puis, fais la prochaine activité pour t'aider quand tu ressens de la tristesse.

Activité 12

Comment t'aider toi-même quand tu te sens triste

Ce que tu dois savoir

Tu peux t'aider en trouvant des moyens pour te sentir mieux et en faisant des activités qui te font oublier ta tristesse.

Quand Marie et ses sœurs ont appris le divorce de leurs parents, Marie et Élise fondirent en larmes et Tania resta immobile sans dire un mot. Ce soir-là, assises sur le lit de Marie, elles parlèrent longtemps. Elles se dirent qu'elles ne voulaient pas déménager, même si leurs parents avaient dit que tout le monde vivrait dans de nouveaux lieux. Elles se dirent qu'elles s'ennuieraient de regarder les dessins animés avec leur père le samedi matin. Elles parlèrent du fait qu'elles verraient beaucoup moins leur mère parce qu'elle devrait travailler à plein temps. Elles avaient l'impression que leur monde s'écroulait. Elles se sont serrées dans leurs bras et Tania a pleuré.

Le lendemain, les filles expliquèrent à leur tante Sylvie combien elles étaient tristes. Leur tante leur répondit que c'était normal, et qu'il fallait trouver des moyens pour s'aider quand on est triste. Elle leur dit qu'il était possible de trouver du réconfort et de faire quelque chose qui les aiderait à oublier leur tristesse. Ainsi, elles pourraient traverser cette dure période de leur vie. Marie, Élise et Tania firent une liste de choses réconfortantes et d'activités qui pourraient leur faire oublier leur tristesse. Quand elles se sentirent à nouveau tristes, elles demandèrent à tante Sylvie de les prendre dans ses bras pour les réconforter. Puis, elles se mirent à jouer aux cartes et oublièrent leur tristesse durant un bon moment.

Instructions

Voici certaines choses que tu peux faire pour te réconforter quand tu te sens triste :

Activités pour se sentir bien :

- Caresse le chien ou le chat.
- Demande à quelqu'un de te serrer dans ses bras.
- Parle de ta tristesse à quelqu'un.
- Écoute de la musique reposante.
- Installe-toi dans ton lit sous une couverture chaude.

Activités pour oublier la tristesse :

- Jouer.
- Lire une histoire joyeuse ou drôle.
- Aller à la piscine.
- Faire du vélo.
- Regarder une émission de télévision qui te fait rire.

Encercle les activités qui te réconfortent, puis ajoute tes propres idées.

Activités que je pourrais faire pour me sentir mieux. ________________________________

____

Activités pour me faire oublier la tristesse. ________________________________

____

Activité 12

Comment t'aider toi-même quand tu te sens triste

Dessine-toi en train de faire quelque chose qui te réconforte.

Encore plus

Tante Sylvie a suggéré aux filles de tenir un journal dans lequel elles pourraient écrire lorsqu'elles se sentent tristes. Puis, les filles ont discuté avec elle de ce qu'elles pourraient faire pour se réconforter. Voici ce qu'elles ont trouvé.

Le journal de Marie, Élise et Tania

Parfois, nous sommes tristes parce que nous voyons notre famille se séparer.

Nous pourrions nous rappeler que toutes les trois, nous vivons ensemble. Nous pourrions nous dire que nos parents vont continuer à nous aimer même s'ils ne vivent plus ensemble. Et nous pourrions nous aider mutuellement en nous concentrant sur des choses positives.

Parfois, nous sommes tristes parce que nous allons quitter la maison où nous sommes nées.

Nous pourrions prendre des photos et faire un album. Dans cet album, nous pourrions écrire tous nos bons souvenirs dans cette maison et, bien sûr, apporter cet album avec nous quand nous déménagerons. Nous pourrions regarder la télévision et oublier notre tristesse pendant ce temps.

Parfois, nous sommes tristes parce que nous ne verrons papa que trois jours par semaine.

Nous pourrions discuter avec lui des moyens de demeurer en contact, même si nous ne sommes pas avec lui comme le téléphone et les courriels. Puis, nous pourrions jouer à un jeu avec lui et oublier notre tristesse.

Parfois, nous sommes tristes et ne savons même pas pourquoi.

Nous pourrions nous dire que nous nous aimons. Puis, préparer nos biscuits préférés et faire des blagues pour nous faire rire.

Activité 12

Comment t'aider toi-même quand tu te sens triste

Écris les choses qui te rendent triste.

____

____

____

____

____

____

____

Écris tout ce que tu peux faire pour te sentir mieux ou pour oublier ta tristesse chaque fois que tu te sens triste.

____

____

____

____

____

____

____

À la maison, tu peux écrire ton journal. Prends un cahier ou un journal et écris tout ce qui te passe par la tête et tout ce que tu ressens.

Ce que tu dois savoir

Beaucoup d'enfants sont en colère quand leurs parents divorcent.

On se sent souvent en colère quand on n'a pas ce qu'on souhaite. Tu peux te sentir en colère parce que tu ne veux pas aller te coucher et que tes parents t'obligent à le faire. Tu peux souhaiter jouer toute la journée au parc, mais tu dois aller à l'école. Tu peux vouloir de la crème glacée pour le repas, mais maman a préparé un pain de viande et des pois verts. Tu peux souhaiter une chambre pour toi seul(e), mais il faut la partager avec ta jeune sœur.

Quand tes parents divorcent, tu n'as certainement pas tout ce que tu veux. Tu souhaites qu'ils restent mariés. Tu souhaites qu'ils cessent de se disputer. Tu peux vouloir que les choses reviennent comme elles étaient avant. Comme c'est impossible, tu ressentiras peut-être de la colère.

Instructions

Les gens expriment leur colère de diverses manières. Explique comment ces enfants expriment leur colère. Dans le carré vide, dessine-toi en colère.

Encore plus

Voici certaines raisons qui mettent les enfants en colère quand leurs parents divorcent :

- Ils ne veulent pas de ce divorce.
- Les parents ont pris la décision sans se soucier des sentiments de l'enfant.
- Les enfants doivent déménager et ils ne le veulent pas.
- Ils ne peuvent plus jouer au soccer après l'école.

Qu'est-ce qui te met en colère ?

Partage tes sentiments avec quelqu'un en qui tu as confiance. Puis, fais la prochaine activité pour apprendre comment t'aider quand tu es en colère.

Activité 14

Comment s'aider quand on est en colère

Ce que tu dois savoir

Tu peux faire face à ce sentiment de colère en l'exprimant positivement. Il est important de savoir quelles sont les actions positives et négatives.

Quand les parents de Martine ont divorcé, elle a commencé à se battre avec ses camarades à l'école. Elle s'est aussi mise à manquer de respect à son professeur. Elle avait toujours l'air en colère.

Le psychologue parla avec elle et lui fit comprendre qu'elle était en colère contre le divorce de ses parents. Cela était compréhensible, mais si elle gardait sa colère en elle, elle l'exprimerait peut-être de façon qui blesseraient les autres. Il fallait qu'elle trouve des façons positives de laisser sortir sa colère si elle voulait supporter le divorce de ses parents. Ensemble, ils dressèrent une liste d'activités. La fois suivante, au lieu de se quereller avec une copine, elle joua au basketball jusqu'à ce qu'elle ne sente plus la colère.

Instructions

Voici des façons positives d'exprimer la colère. Coche celles que tu pourrais utiliser. Sur les lignes, note tes idées personnelles.

- ☐ Sors et crie.
- ☐ Donne des coups de poing dans un oreiller.
- ☐ Dis à quelqu'un combien tu es en colère.
- ☐ Sors et fait rebondir un ballon vigoureusement.
- ☐ Sors et tape des pieds.
- ☐ Sors et cours autour du terrain.
- ☐ Prends de profondes respirations.
- ☐ Pleure.

_______________________________ _______________________________

_______________________________ _______________________________

Comment s'aider quand on est en colère

Activité 14

Dessine-toi en train de faire une activité qui fait sortir la colère.

Voici certaines choses que tu ne devrais pas faire.

Frapper quelqu'un.

Mordre quelqu'un.

Griffer quelqu'un.

Donner un coup de pied à quelqu'un.

Te faire du mal.

Frapper dans un mur.

Casser des objets.

Lancer des objets dans la maison.

As-tu d'autres idées sur ce qu'il ne faut pas faire quand on veut exprimer sa colère ?

Encore plus

Le psychologue conseilla à Martine de tenir son journal et d'écrire chaque fois qu'elle se sentait en colère. Puis, ils discutèrent des moyens pour qu'elle prenne soin d'elle. Voici le résultat.

Le journal de Martine

Parfois, je suis en colère parce que je dois quitter une maison pour celle de mon autre parent.

Je pourrais frapper des pieds dehors durant quelques instants avant de monter dans l'automobile. Si quelqu'un me demande ce que je fais, je peux répondre que je laisse sortir ma colère. Je peux leur dire que cela m'aide à me sentir mieux et qu'ainsi, j'évite de faire quelque chose qui pourrait blesser quelqu'un.

Parfois, je suis en colère parce que je ne peux fêter mon anniversaire avec mes deux parents.

Au lieu de gâcher la journée, je peux me débarrasser de ma colère positivement. Je peux faire du vélo, frapper une balle de tennis ou courir autour du terrain avec mon chien. Me consacrer à une activité physique m'aide à me soulager de ma colère et à me sentir mieux.

Parfois, je suis en colère juste parce que je pense au divorce de mes parents.

J'ai envie de crier et de donner des coups de pied, de faire une crise exactement comme un bébé. Pour me sentir mieux, je pourrais dire à papa ou à maman: «Je suis tellement en colère que j'ai envie de faire une crise de nerfs.» Juste en le disant, on peut se libérer de sa colère.

Parfois, je suis en colère et je ne sais même pas pourquoi.

Je pourrais prendre du papier et des crayons de couleur et dessiner tous mes sentiments de colère. C'est un bon moyen pour se vider de sa colère de manière positive.

Qu'est-ce qui te met en colère ?

Que pourrais-tu faire en chaque occasion pour laisser sortir ta colère d'une manière positive ?

Tu peux écrire ton journal. Prends un cahier ou un journal et écris tout ce qui te passe par la tête et tous tes sentiments. Tu peux partager ce que tu écris avec quelqu'un ou, si tu préfères, le garder pour toi.

Avoir peur

Ce que tu dois savoir

La plupart des enfants ont peur quand leurs parents divorcent.

Les gens ont souvent peur quand ils ignorent ce que l'avenir leur réserve ou quand ils pensent qu'ils vont souffrir. Tu peux avoir peur si un enfant plus âgé se dirige vers toi et qu'il te semble méchant. Tu peux avoir peur si ton père perd son emploi ou si tu brises une lampe qui coûte cher dans la maison. Tu peux avoir peur si on t'annonce qu'une tornade ou un ouragan se dirige vers ton quartier.

Lors du divorce, tu peux avoir peur parce que tu ignores comment ta vie va changer. Tu peux te demander si on t'aimera encore. Tu peux ignorer qui s'occupera de toi, si ta mère retourne au travail.

Instructions

Quand les gens ont peur, ils l’expriment de diverses manières. Décris comment ces enfants expriment leur peur. Dessine-toi en train d’avoir peur.

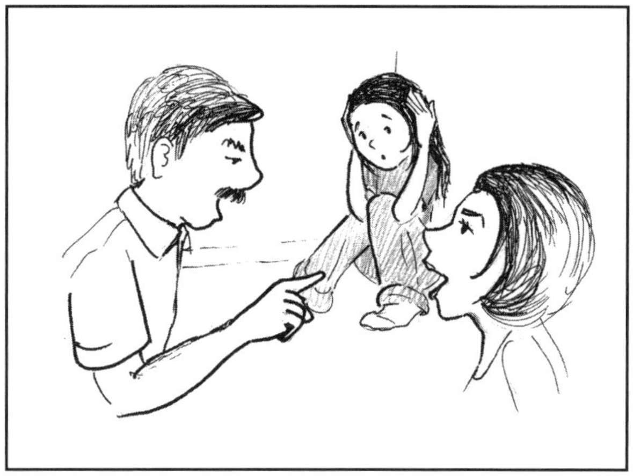

Encore plus

Voici quelques raisons qui peuvent provoquer la peur des enfants quand les parents divorcent :

- Ils ont peur que les parents cessent de les aimer.
- Ils ont peur de ne pas voir un de leurs parents.
- Ils ont peur parce qu'ils ignorent ce que leur réserve le divorce.
- Ils ont peur de vivre dans une nouvelle maison.

Y a-t-il quelque chose qui te fait peur dans le divorce de tes parents ?

Partage ton sentiment avec quelqu'un en qui tu as confiance. Puis fais la prochaine activité pour t'aider à bien réagir quand tu as peur.

Comment faire face à la peur

Activité
16

Ce que tu dois savoir

Tu peux faire face à la peur en demandant de l'aide et en faisant une activité pour te rassurer.

Après l'annonce du divorce, Christophe commença à faire des cauchemars. Il rêvait qu'il était seul et qu'il lui était impossible de trouver ses parents. Parfois, il rêvait qu'il se perdait en se rendant à la nouvelle maison de sa maman. Il faisait noir et il avait peur. Le jour, il pensait que ces rêves pourraient devenir réalité, ce qui l'empêchait de se concentrer sur ces tâches.

Le psychologue expliqua à Christophe qu'il avait peur à cause du divorce de ses parents. Sa peur venait de ses cauchemars et cela l'empêchait de penser à autre chose.

Le psychologue expliqua aussi qu'il était normal d'avoir peur, mais qu'il devait trouver des moyens de s'aider. Il pouvait trouver des moyens de demander de l'aide et de faire quelque chose pour se rassurer. Cela l'aiderait à passer à travers le divorce. Ensemble, ils dressèrent une liste de moyens de demander de l'aide et de se rassurer. Quand Christophe eut peur à nouveau, au lieu de s'inquiéter, il raconta à son père pourquoi il avait peur. Son père le prit dans ses bras. Ce soir-là, il n'eut pas de cauchemar.

Comment faire face à la peur

Instructions

Voilà comment tu peux t'aider quand tu as peur.

Quoi faire quand on a peur :

- Dis à ta mère comment tu te sens.
- Dis à ton père comment tu te sens.
- Dis à un(e) professeur(e) comment tu te sens.
- Dis à un adulte de confiance comment tu te sens.
- Pose des questions sur tes craintes.
- Pose des questions sur ce que tu ne comprends pas.

Choses à faire pour se rassurer :

- S'asseoir au chaud avec une couverture confortable.
- Demande à ton papa qu'il te prenne dans ses bras.
- Demande la même chose à ta maman.
- Va dans une pièce de la maison où tu te sens en sécurité.
- Reste en compagnie d'un adulte.
- Prends une peluche dans tes bras.

Encercle les choses qui font que tu te sens mieux. Écris tes propres idées.

Ce que je peux faire pour demander de l'aide ______________________________

Ce que je peux faire pour me rassurer ______________________________

Comment faire face à la peur

Activité 16

Dessine-toi en train de faire quelque chose qui t'aide à te libérer de ta peur.

Encore plus

Le psychologue de Christophe lui suggéra d'écrire son journal et de noter chacune de ses peurs. Puis ils discutèrent de ce qu'il devait faire dans chacun des cas. Voici le résultat.

Le journal de Christophe

Depuis que maman et papa ont cessé de s'aimer, je crains parfois qu'ils cessent de m'aimer, moi.

> Je pourrais obtenir de l'aide en leur disant ce que je pense et en leur demandant si j'ai raison.

Quand je suis chez un de mes parents, j'ai peur de ne pas voir mon autre parent avant longtemps.

> Je peux obtenir de l'aide en demandant si je peux téléphoner à mon autre parent pour savoir quand on se verra la prochaine fois.

Parfois, j'ai peur quand je me couche.

> Je pourrais me sentir mieux en demandant à un des mes parents de s'asseoir à côté de moi sur le lit jusqu'à ce que je m'endorme.

Parfois, j'ai peur, mais j'ignore pourquoi.

> Je pourrais me rassurer en dessinant ma peur. Après, je pourrais déchirer le dessin.

Comment faire face à la peur

Qu'est-ce qui te fait peur ?

Que pourrais-tu faire pour demander de l'aide ou pour te rassurer ?

Chaque fois que tu as peur, pense vers qui tu pourrais te tourner pour obtenir de l'aide ou pour te sentir rassuré(e). Écris tous tes sentiments dans un cahier ou un journal. Tu peux le faire lire à d'autres ou tu peux le conserver pour toi.

La culpabilité

Ce que tu dois savoir

Beaucoup d'enfants se sentent coupables quand leurs parents divorcent.

Les gens se sentent souvent coupables quand ils pensent qu'ils ont commis une faute. Parfois, c'est vrai, ils ont commis une faute mais parfois, c'est faux. Tu peux te sentir coupable avec raison si tu accuses ton petit frère d'avoir renversé le lait, alors que c'est toi qui l'as fait.

Quand les parents divorcent, l'enfant peut se sentir coupable s'il pense qu'il a fait ou dit quelque chose qui a provoqué le divorce. Beaucoup d'enfants pensent cela, mais comme tu l'as appris dans ce livre, le divorce est un problème d'adultes. Ce n'est jamais dû aux actes ou aux paroles d'un enfant.

La culpabilité

Activité
17

Instructions

Les gens expriment leur sentiment de culpabilité de diverses manières. Comment ces enfants expriment-ils leur culpabilité ? Dans le carré vide, dessine-toi lorsque tu te sens coupable.

Encore plus

Voici des choses qui provoquent la culpabilité chez les enfants quand les parents divorcent :

- Ils peuvent penser que les parents divorcent parce que les enfants ne faisaient pas ce qu'on leur demandait dans la maison.
- Ils peuvent se souvenir d'une querelle entre leurs parents et d'avoir pensé que ce serait bien si un des deux partait.
- Les enfants peuvent se souvenir que lorsque leurs parents leur faisaient des reproches, ils souhaitaient parfois avoir des parents différents.
- Ils peuvent aussi penser que les parents divorcent parce qu'ils n'étaient pas d'accord sur leur éducation.

Y a-t-il quelque chose dans le divorce de tes parents qui te fais te sentir coupable ?

Partage tes sentiments avec quelqu'un en qui tu as confiance. Puis, fais la prochaine activité pour t'aider, si tu te sens coupable.

Comment s'aider soi-même quand on se sent coupable

Activité **18**

Ce que tu dois savoir

Quand tu te sens coupable, tu peux t'aider en te pardonnant tes erreurs et en te souvenant que tu n'as pas provoqué le divorce de tes parents.

Quand les parents de Lucie ont divorcé, son petit frère est parti avec son papa dans une autre maison, et elle a déménagé avec sa mère. Elle commença à s'enfermer longtemps dans sa chambre. Quand ses amies téléphonaient, elle refusait de leur parler. Autant dans la maison de sa mère que chez son père, elle essayait de se conduire parfaitement. Mais elle se sentait souvent frustrée parce que peu importait ses efforts, elle ne parvenait pas à être parfaite. Et quand elle était frustrée, elle s'enfermait dans sa chambre et pleurait.

La mère de Lucie, inquiète, l'emmena chez une psychologue. Lucie raconta comment elle se battait souvent avec son petit frère et qu'elle pensait que ses parents avaient divorcé à cause de cela. Elle dit qu'elle essayait d'être parfaite, mais qu'elle multipliait les erreurs. La psychologue aida Lucie à comprendre qu'elle n'avait pas de raison de se sentir coupable. Les enfants ne provoquent pas le divorce des parents, c'est un problème d'adulte.

La psychologue lui expliqua aussi que c'était normal de se sentir coupable, mais qu'elle devait trouver des moyens pour s'aider. Elle y parviendrait en se pardonnant ses erreurs et en se souvenant qu'elle n'était pas responsable du divorce. Si elle faisait cela, elle pourrait mieux vivre le divorce. Ensemble, elles rédigèrent une liste de ce qu'elle pourrait faire. Lorsque Lucie se sentit coupable à nouveau, elle se pardonna et se souvint qu'elle n'avait pas provoqué le divorce.

Activité **18**

Comment s'aider soi-même quand on se sent coupable

Instructions

Voici certaines choses que tu peux faire pour excuser tes erreurs et te souvenir que tu n'es pas responsable du divorce.

- ☐ Parle de tes sentiments avec quelqu'un.
- ☐ Écris-toi une lettre gentille dans laquelle tu te pardonnes tes erreurs.
- ☐ Regarde-toi dans le miroir et souris.
- ☐ Dis à haute voix : « Je n'ai pas provoqué le divorce de mes parents. Le divorce est un problème exclusivement entre adultes. »
- ☐ Au lieu de penser à quelque chose que tu regrettes d'avoir fait, pense à toutes les bonnes choses que tu as réalisées.
- ☐ Dis-toi que personne n'est parfait et que tu te pardonnes les choses que tu regrettes.
- ☐ Fais l'Activité 3 du livre intitulée « Le divorce n'est pas provoqué par les enfants ».
- ☐ Rédige une note qui indique que les enfants ne causent pas le divorce, que c'est un problème entre adultes. Place la note dans un endroit où tu la verras souvent.

Coche les choses qui peuvent t'aider à te pardonner et à te souvenir que tu n'as pas causé le divorce de tes parents. Écris tes propres idées ici.

____

____

Comment s'aider soi-même quand on se sent coupable

Fais un dessin de toi en train de te pardonner tes erreurs ou qui t'aide à te souvenir que tu n'es pas responsable du divorce.

Encore plus

La psychologue de Lucie lui a suggéré d'écrire son journal personnel et de noter toutes les occasions où elle se sent coupable. Puis elles ont discuté de ce qu'elle pourrait faire pour affronter chaque situation. Voici le résultat.

Le journal de Lucie

Parfois, je me sens coupable parce que je me souviens d'un jour où j'ai sali le plancher avec de la boue. Ma mère m'a aidée à nettoyer et mon père s'est fâché parce que, selon lui, j'aurais dû nettoyer moi-même. Ils se sont querellés beaucoup.

Je pourrais en parler avec mes parents. Je pourrais leur demander si c'est cette querelle qui a mené au divorce. Ils pourraient me rappeler que le divorce n'est pas provoqué par les enfants ; c'est un problème d'adultes.

Parfois je me sens coupable parce que je me querellais tout le temps avec mon petit frère. Aujourd'hui, il vit avec papa et moi je vis avec maman. Je m'ennuie de lui. J'aurais dû être plus gentille avec lui quand nous vivions ensemble.

Je pourrais me parler gentiment, me dire que c'était correct de me quereller parfois avec mon frère. C'est du passé. Maintenant, je peux tenter de m'entendre avec lui quand nous sommes ensemble. Je peux lui donner de l'affection. »

Parfois, je me sens coupable simplement en pensant au divorce de mes parents.

Je pourrais rédiger une note et la placer dans mon cahier de devoirs. Alors, chaque fois que je l'ouvrirais, je pourrais lire : « Souviens-toi. Tu n'as pas causé le divorce de tes parents. Le divorce, c'est un problème d'adultes. »

Parfois je me sens coupable et je ne sais pas pourquoi.

Je pourrais en parler avec la psychologue. En m'écoutant, elle pourrait m'aider à mieux me comprendre.

Qu'est-ce qui te fait te sentir coupable?

Que pourrais-tu faire pour te pardonner et te souvenir que tu n'es pas responsable du divorce?

À la maison, tu peux écrire ton journal personnel dans un cahier ou un vrai journal. Écris tout ce qui te passe par la tête. Tu peux le faire lire à d'autres ou le garder pour toi.

L'impuissance

Ce que tu dois savoir

Les enfants se sentent souvent impuissants quand les parents divorcent.

Les gens se sentent souvent impuissants quand ils pensent qu'ils ne peuvent rien pour changer la situation. Tu peux te sentir impuissant(e) parce que ton chat est malade et que sa santé dépérit. Tu peux te sentir impuissant(e) parce que tu ne comprends pas un problème que tu dois résoudre dans ton devoir et qu'il n'y a personne pour t'aider. Tu peux te sentir impuissant(e) quand un incendie éclate et que tu ne sais pas comment l'éteindre.

Quand tes parents divorcent, il n'existe normalement rien que tu puisses faire pour modifier la situation. Cette décision est prise par des adultes et les enfants n'y peuvent rien. Ton papa et ta maman vont prendre beaucoup de décisions sur lesquelles tu n'auras aucun contrôle. Cela fera peut-être en sorte que tu te sentes impuissant(e).

L’impuissance

Activité 19

Instructions

L’impuissance se manifeste de diverses façons selon les gens. Comment ces enfants expriment-ils leur impuissance ? Dans le carré vide, dessine-toi lorsque tu te sens impuissant.

Encore plus

Voici certaines raisons qui peuvent entraîner un sentiment d'impuissance chez les enfants lors d'un divorce :

- Ils ne peuvent empêcher le divorce.
- Ils ne peuvent aider les parents à s'entendre mieux.
- Ils ne peuvent les faire vivre dans la même maison.
- Ils ne peuvent réconcilier leurs parents.

Qu'est-ce qui te rend impuissant dans le divorce de tes parents ?

____

____

____

____

____

____

____

____

____

Partage tes sentiments avec quelqu'un en qui tu as confiance. Puis fais la prochaine activité pour apprendre comment te soulager quand tu te sens impuissant.

Comment s'aider quand on se sent impuissant

Activité **20**

Ce que tu dois savoir

Tu peux lutter contre le sentiment d'impuissance en parlant avec quelqu'un qui peut t'aider ou en te souvenant de situations dans lesquelles tu n'es pas impuissant(e).

Quand les parents de Mathieu lui ont annoncé qu'ils divorçaient, il a pensé qu'il pourrait les faire changer d'idée. Il leur a dit que s'ils demeuraient ensemble, il nettoierait la maison tous les jours et qu'il se conduirait bien. Par exemple, il ne demanderait plus d'argent de poche. Les parents répondirent non. Puis, il ajouta que s'ils divorçaient, il s'enfermerait dans sa chambre et qu'il n'en sortirait jamais. Mais ils ne changèrent pas d'idée. Mathieu se sentait tellement mal qu'il ignorait comment réagir. Il s'allongea sur le plancher, se mit à pleurer, à donner des coups de pied, à faire une grosse colère comme quand il était bébé.

Après que les parents eurent calmer Mathieu, ils lui ont demandé d'exprimer ses sentiments. Ils avaient l'impression qu'il se sentait complètement impuissant, mais qu'il ne faisait pas attention à lui et qu'il laissait ses sentiments trop le déranger. Sa mère lui expliqua qu'il était normal de se sentir impuissant, mais qu'il devait trouver des moyens pour affronter cette situation. Elle lui conseilla d'en parler plus longuement. Puis, il pourrait se concentrer sur des moments où il ne pensait pas être impuissant. Ils firent une liste de moyens pour que Mathieu puisse demander de l'aide et pour penser à des situations où il se sentait en contrôle des événements. La fois suivante, il parla avec son père. Ils décidèrent d'aller au parc jouer au baseball parce que Mathieu était un très habile joueur. Rapidement, Mathieu reprit confiance.

Comment s'aider quand on se sent impuissant

Instructions

Voici certaines choses que tu peux faire quand tu te sens impuissant(e).

Des moyens de demander à quelqu'un de t'aider :

- ☐ Parle de ton sentiment avec ta maman.
- ☐ Fais la même chose avec ton papa.
- ☐ Parle de ton malaise avec un(e) professeur(e).
- ☐ Parle avec ton(ta) psychologue.
- ☐ Parle de tes sentiments avec un autre adulte en qui tu as confiance.

Des moyens pour penser à des moments où tu ne te sentais pas impuissant(e).

- ☐ Pendant la journée, prends note de tous les moments où tu ne te sens pas impuissant(e).
- ☐ Fais une liste de tout ce que tu peux faire sans l'aide de personne.
- ☐ Écris une histoire à propos des choses que tu as réalisées seul(e) depuis que tu es tout(e) petit(e).
- ☐ Fais une liste de tes habiletés.
- ☐ Demande à ton père ou à ta mère de t'apprendre de nouvelles choses.

Coche les propositions qui t'aident à te sentir moins impuissant(e). Puis, écris tes propres idées.

____

____

Comment s'aider quand on se sent impuissant

Dessine-toi dans une activité qui t'aide à combattre ton sentiment d'impuissance.

Encore plus

La mère de Mathieu lui suggéra d'écrire son journal et de noter chaque fois qu'il se sentait impuissant. Puis ils discutèrent ensemble des moyens pour qu'il prenne soin de lui. Voici leurs conclusions.

Le journal de Mathieu

Parfois à l'école, je me sens impuissant parce que je ne peux pas faire en sorte que mes parents s'aiment à nouveau.

> Je pourrais en parler avec mon prof. Après, je pourrais me concentrer sur les études parce que je suis un bon élève et que je n'ai pas de problème à l'école.

Parfois, je me sens impuissant quand je pense que papa va partir et que je ne peux faire en sorte qu'il reste.

> Je pourrais en parler avec papa et puis faire des sandwichs au beurre d'arachides et à la confiture, parce que je fais de très bons sandwichs.

Parfois, je me sens impuissant parce que je me rends compte que le divorce est une décision d'adultes et que mes parents ne changeront pas d'idée.

> Je pourrais en parler avec le psychologue et après, nous pourrions parler des choses que je décide : les vêtements que je porte, qui je choisis comme meilleur ami et quels livres je choisis à la bibliothèque.

Parfois je me sens impuissant et je ne sais même pas pourquoi.

> Je pourrais en discuter avec grand-maman et puis je pourrais lui lire notre histoire préférée. Grand-maman ne voit pas très bien et je lui fais souvent la lecture, ce qu'elle adore. Elle dit que je suis un merveilleux lecteur et qu'elle adore m'écouter.

Comment s'aider quand on se sent impuissant

Qu'est-ce qui te rend vraiment impuissant(e) ?

Que pourrais-tu faire pour éviter ce sentiment de culpabilité dans ces circonstances ?

Chaque fois que tu te sens impuissant écris ce que tu peux faire pour faire face à ce sentiment. Tu peux écrire ton journal à la maison. Écris tout ce que tu penses et ressens. Partage ton journal ou garde-le pour toi-même.

Activité 21

Se sentir heureux

Ce que tu dois savoir

Parfois les enfants sont heureux parce que leurs parents divorcent.

Les gens sont heureux quand la vie se déroule selon leurs souhaits. Par exemple, quand tu reçois le cadeau que tu souhaitais pour ton anniversaire. Tu peux te sentir heureux quand tu travailles fort avant un examen et que tu obtiens une bonne note. Même chose quand tu as du plaisir aux glissades d'eau ou dans un parc.

Cela peut te paraître curieux, mais il est possible que tu te sentes heureux si tes parents divorcent. Même si tu n'aimes pas le fait qu'ils divorcent, il y a peut-être des choses dans cette situation qui s'amélioreront et qui te rendront heureux(se). Il est normal pour les enfants de se réjouir d'un changement ou deux.

Se sentir heureux

Activité
21

Instructions

Le bonheur chez les gens prend plusieurs formes. Décris comment ces enfants expriment leur bonheur. Fais un dessin de toi quand tu te sens heureux(se).

Encore plus

Voici quelques raisons qui peuvent rendre les enfants heureux quand leurs parents divorcent.

- Si des parents malheureux cessent de vivre ensemble, les querelles seront moins fréquentes.
- Si les parents ne se disputent pas continuellement, la vie avec eux sera peut-être plus facile.
- Les enfants auront deux fêtes d'anniversaire, une chez chaque parent.
- Les enfants ont un répit d'un parent quand ils sont avec l'autre et cela peut les aider à s'entendre mieux avec les deux.

Y a-t-il quelque chose qui te rend heureux(se) dans le divorce de tes parents ?

Partage tes sentiments avec quelqu'un en qui tu as confiance.

Utilise la pensée pour faire face à tes sentiments

Activité **22**

Ce que tu dois savoir

Quand tu ne te sens pas bien, tu peux t'aider en utilisant ta pensée.

Histoire 1

Charles découvrit qu'après le divorce, sa mère quitterait la maison familiale pour s'installer dans une maison située à un 1,5 km de distance. Charles devait passer une moitié de la semaine avec son père et l'autre avec sa mère. Il écouta ses parents et pensa :

Je ne veux pas que mes parents divorcent ou que maman parte. Mais, Dieu merci, elle déménage près d'ici ; je pourrai voir mes deux parents chaque semaine.

Il se sentit heureux.

Histoire 2

Gina découvrit qu'après le divorce, sa mère quitterait la maison familiale pour s'installer dans une maison située à 1,5 km de distance. Gina devait passer une moitié de la semaine avec son père et l'autre avec sa mère. Elle écouta ses parents et pensa :

Je ne veux pas que mes parents divorcent ou que maman parte. C'est affreux ! Voir maman et papa seulement une moitié de la semaine sera horrible !

Gina était triste et en colère.

Ni Charles ni Gina ne voulaient que leurs parents divorcent. Ni l'un ni l'autre ne voulaient que leur maman déménage. Mais Charles a choisi de penser à des choses qui le rendaient heureux. Gina pensait à des choses qui augmentaient sa tristesse et sa colère.

Quel choix ferais-tu ?

Utilise la pensée pour faire face à tes sentiments

Instructions

Dessine un visage triste au-dessus de la pensée de gauche, parce que ce genre de pensée attriste les enfants. À droite dessine un visage souriant. Puis à côté de chaque pensée triste, écris une nouvelle pensée qui peut rendre les enfants heureux.

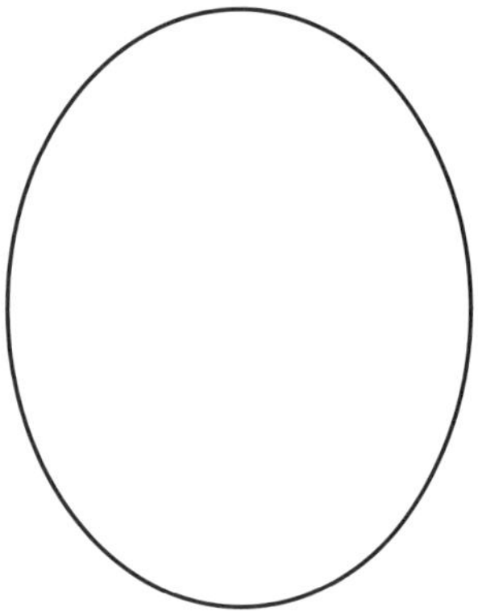

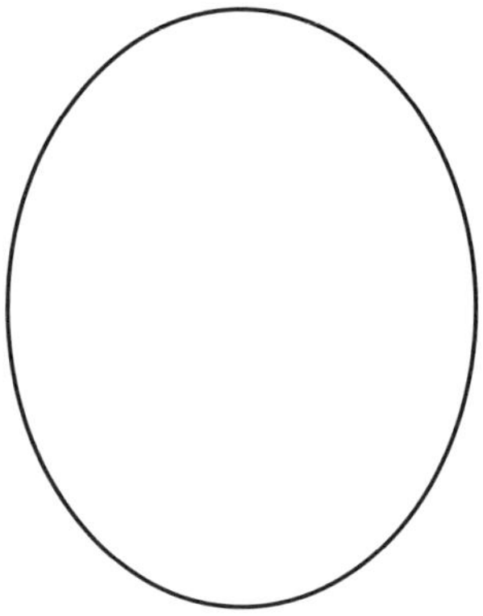

Je me sens tellement triste parce que mes parents divorcent. Je ne serai plus jamais heureux.

Je suis en colère parce que papa va vivre très loin de chez moi et que je ne le verrai que durant les vacances d'été.

J'ai tellement peur parce que mes parents ne s'aiment plus et je pense qu'ils ne m'aimeront plus.

Je me sens coupable parce que l'année dernière, j'ai endommagé l'auto de maman avec mon vélo. Maintenant mes parents divorcent et maman déménage. Ce doit être de ma faute.

Encore plus

Repense aux histoires de Charles et de Gina. Les deux vivaient la même situation. Pourquoi Charles a-t-il choisi de se réjouir et que Gina s'est-elle sentie triste et en colère ?

____

____

Pourquoi lorsque les enfants choisissent les pensées de la colonne de droite se sentent-ils plus heureux que s'ils choisissent celles de gauche ?

____

____

Qu'est-ce qui vient en premier, tes pensées ou tes sentiments ? ____________________

Comment peux-tu utiliser tes pensées pour te sentir mieux ? ____________________

____

Quelles pensées t'ont fait te sentir mal ?

____

____

____

Maintenant, écris à nouveau tes pensées et change-les pour mieux te sentir.

____

____

____

La pensée est un outil puissant dont tu disposes tout le temps peu importe où tu es. Tu peux utiliser cet outil chaque fois que tu veux te sentir mieux.

Activité
23

Utiliser son corps pour affronter ses sentiments

Ce que tu dois savoir

Quand tes sentiments te font te sentir mal, tu peux utiliser ton corps pour te sentir mieux.

Des sentiments négatifs peuvent te rendre mal à l'aise. Quand tu te sens triste, coupable ou impuissant, ton corps peut se fatiguer. Quand tu es en colère ou que tu as peur, ton corps peut se tendre.

Il y a plusieurs exercices qui peuvent t'aider à détendre ton corps.

Instructions

Lis la description des différents exercices et essaie-les chacun une fois. Si tu ne sais pas trop comment faire, demande à un adulte de t'expliquer.

Observer sa respiration

Tu peux faire cet exercice n'importe où et n'importe quand.

1. Ferme les yeux.

2. Essaie de situer ta respiration. Est-elle dans ton nez, dans ta bouche ou dans ta gorge ?

3. Fais comme un(e) détective. Pendant que tu respires, suis ta respiration. Tu n'as pas à la modifier. Sois seulement attentif(ve) et trouve où elle se trouve dans ton corps.

4. Si quelque chose te distrait et que ton esprit s'égare, ce n'est pas grave. Retrouve ta respiration et suis son parcours.

5. Continue à suivre ta respiration durant quelques minutes.

En te concentrant ainsi sur ta respiration, elle deviendra plus profonde et plus lente. Cela te fera aussi oublier ce qui te rend mal à l'aise, ce qui aidera à détendre ton corps. Plus tu observes ta respiration, plus tu relaxeras.

Il y a des endroits où ce n'est pas une bonne idée de fermer les yeux, par exemple en classe quand le professeur parle. Dans cette situation, tu peux continuer à suivre ta respiration mais en restant attentif(ve). Si tu t'exerces à suivre ta respiration les yeux fermés tout comme un(e) détective, ce sera plus facile de le faire les yeux ouverts.

Utiliser son corps pour affronter ses sentiments

Muscles souples

Quand tu es tendu, tes muscles le sont aussi. Si les muscles demeurent tendus trop longtemps, cela peut provoquer de la douleur. Pour te sentir mieux, tu peux t'exercer à assouplir tes muscles. Pour cet exercice, tout ce dont tu as besoin, c'est d'un endroit confortable pour t'asseoir ou t'étendre et de ton imagination.

1. Assieds-toi ou étends-toi confortablement.

2. Ferme les yeux.

3. Puis imagine ton corps qui se modifie. Plutôt que d'être composé d'os et de chair, il est fait de guimauves douces et moelleuses.

4. Commence par ta tête et en descendant jusqu'à tes orteils, imagine tous tes muscles aussi mous que des guimauves. Tu fais cela en pensant à chaque muscle et en le vidant de toute son énergie jusqu'à ce que tu le sentes devenir doux et mou. Prends note de l'état de chaque muscle avant de te concentrer sur le muscle suivant.

Quand tu auras fait la même chose avec tous tes muscles, ton corps sera mou et détendu au lieu d'être dur et tendu. Imaginer des muscles souples aide le corps à se détendre.

Bouger !

Une autre manière de détendre tes muscles est de les faire bouger. Quand tu bouge tes muscles rapidement et avec force, le mouvement dégage la tension. Tu retires la tension de ton corps. Pour cet exercice, tu as besoin de tes muscles et d'une activité physique que tu aimes.

1. Dresse une liste des activités physiques que tu aimes. Choisis des activités dans lesquelles tu utilises beaucoup tes muscles. Ce peut être faire du vélo, patiner, danser, jouer au basket, courir avec ton chien ou tout autre sport ou activité.

2. Dresse une liste contenant d'autres activités pour lesquelles les muscles sont importants. Ce peut être de frapper dans ton oreiller, de frapper un « punching bag » ou de passer l'aspirateur dans la maison.

3. La prochaine fois que tu sentiras tes muscles tendus parce que tu es en colère ou que tu as peur, choisis une des activités dans ta liste.

Utiliser son corps pour affronter ses sentiments

Activité 23

Évacuer ta tension aidera à rendre tes muscles plus détendus. L'activité que tu choisiras t'aidera aussi à oublier ces sentiments qui te perturbent. Tu pourras même avoir du plaisir.

Super étirement

Les étirements constituent un bon moyen d'évacuer la tension et les sentiments désagréables. C'est facile et rapide et tu peux le faire n'importe où. Par exemple, il est impossible de tenter des paniers à la bibliothèque ou dans une automobile, mais tu peux étirer tes muscles. Pour cet exercice, tu n'as besoin que de tes muscles et de ton cerveau pour prendre tes décisions.

1. Quand tu te sens mal ou tendu, essaie d'identifier la partie de ton corps la plus affectée. Si tu penses que ce sont les jambes, étire tes jambes. Si c'est le cou, étire ton cou. Si tu crois que c'est plus profondément dans ton corps, tu devras étirer le milieu de ton corps.

2. Ensuite, vérifie que rien autour de toi ne peut t'empêcher de t'étirer, comme une personne ou un objet que tu pourrais frapper involontairement. Si l'endroit est propice, passe à la prochaine étape.

3. Imagine que tu es le plus grand « étireur » du monde. Allonge doucement et lentement la partie de ton corps qui va mal. Étire le plus possible. Il faut que tu te sentes bien pas que tu ressentes de la douleur.

4. Pendant que tu t'étires, imagine toute la tension qui se dégage de ton corps. Remarque comment tu te sens bien en disant adieu à tout cet inconfort.

L'étirement allonge ton corps et évacue l'inconfort. Pour bien commencer ta journée, pourquoi ne pas faire un exercice d'étirement en te levant. Et en faire un autre avant d'aller au lit de telle sorte que tu dormes plus confortablement. Durant la journée, tu peux effectuer de plus petits étirements peu importe où tu es.

Encore plus

Classe ses exercices par ordre de préférence : le 1 pour ton exercice préféré et le 4 pour celui que tu aimes le moins.

______ Observer sa respiration

______ Muscles souples

______ Bouger !

______ Super étirement

Pourquoi l'exercice coté 1 est-il ton préféré ? ____

____

Pourquoi aimes-tu moins l'exercice coté 4 ? ____

____

Les exercices auront des effets différents selon les personnes. Certains exercices peuvent vraiment t'aider à te sentir mieux, alors que d'autres n'auront pas beaucoup d'effet. Quel exercice est-il le plus efficace pour toi et comment l'est-il ?

____

____

Utiliser son corps pour affronter ses sentiments

Écris une histoire qui raconte comment tel ou tel exercice te fait te sentir mieux. Si tu as besoin de plus d'espace, prends une autre feuille de papier.

Activité
24
La maison de maman, la maison de papa

Ce que tu dois savoir

Normalement, quand les parents divorcent, ils ne veulent plus vivre dans la même maison. Cela signifie que ton père et ta mère vivront dans deux maisons différentes. Parce que tu es l'enfant de tes deux parents, cela veut dire que tu auras deux maisons. Cela constitue un grand changement et tu prendras un certain temps à t'habituer à cette nouvelle situation.

Laurence était malheureuse parce que ses parents ne vivaient plus ensemble. Elle aimait vivre dans une famille qui demeurait dans la même maison. Maintenant, son papa vivait dans une autre ville et elle avait déménagé avec sa maman dans une plus petite maison. Laurence s'ennuyait de son ancienne maison. Elle s'ennuyait de son ancienne chambre où ses parents venaient l'embrasser avant qu'elle s'endorme.

Son père et sa mère lui expliquèrent qu'il fallait du temps pour s'habituer au changement et que après un certain temps, elle se sentirait à l'aise dans ses nouvelles maisons. Elles deviendraient ses maisons.

Peux-tu te souvenir de ton premier jour à l'école ? C'était un nouvel endroit pour toi. Tu as peut-être trouvé le bâtiment un peu gros et peut-être que tu t'es senti(e) perdu au début. Mais après un certain temps, l'endroit est devenu familier et tu t'es habitué(e). Peu à peu, tu t'es probablement senti(e) bien et tu as peut-être commencé à aimer l'école. Tu t'habitueras aux deux maisons de la même manière.

Instructions

Tu peux t'aider à être l'aise dans cette situation en te familiarisant avec les deux maisons.

Colle une photo ici ou fais un dessin de la façade de la maison de ta maman.

Quelle est l'adresse de la maison de ta maman ? ____________________

Quel est le numéro de téléphone ? ____________________

Activité 24

La maison de maman, la maison de papa

Colle ici une photo ou fais un dessin de la façade de la maison de ton papa.

Quelle est l'adresse de la maison de ton papa ? ______________________________

Quel est son numéro de téléphone ? ______________________________

La maison de maman, la maison de papa

Si tu as besoin de plus d'espace, utilise des feuilles de papier et dessine un plan des pièces de chaque maisons.

Pour chaque maison :

- Dessine ton mets préféré dans la pièce où tu le manges.
- Dessine ton jeu ou ton jouet préféré et la pièce dans laquelle tu joues.
- Dessine ton lit dans la chambre à coucher.
- Dessine un livre dans la pièce où tu fais tes devoirs.
- Dessine une brosse à dent dans la salle de bains.
- Dessine une étoile dans la pièce que tu préfères. Pourquoi cette pièce est-elle ta favorite ?

Encore plus

Le divorce est probablement un des changements les plus importants auquel tu devras d'adapter dans ta vie, mais ce n'est pas le premier. Pense à d'autres changements que tu as vécus et fais-en une liste. Il existe divers changements comme repeindre ta chambre, l'installation de tes appareils dentaires ou ton passage dans une autre classe à l'école.

_______________ _______________ _______________

_______________ _______________ _______________

Choisis un de ces changements. Comment t'es-tu senti(e) quand le changement est survenu ? Combien de temps as-tu pris pour t'adapter ? Finalement, est-ce que tu t'es habitué(e) au changement ?

____

____

____

Quel est le plus grand changement que tu as connu dans ta vie ?

____

____

____

Rien n'est complètement bon ou mauvais. Y a-t-il certaines choses qui sont positives dans le divorce de tes parents ?

____

____

____

Souviens-toi que tu as connu des changements dans le passé. Tu t'y es habitué et parfois tu as même aimé la nouvelle situation. Tu peux réussir la même chose avec la nouvelle situation de vie de tes parents. Sois patient avec toi-même.

Maisons différentes, règlements différents

Ce que tu dois savoir

Ton père et ta mère vont établir des règlements différents dans leur nouvelle maison. Certaines règles seront identiques et d'autres, différentes. Au début, tu te sentiras un peu confus(e). Mais après un certain temps, tu vas te souvenir des règles différentes tout comme tu te souviens des règles à suivre à la bibliothèque et de celles de la patinoire.

Katie et Sarah étaient confuses et en colère. La vie était plus facile quand leurs parents vivaient ensemble. Quand leurs parents se sont installés dans deux maisons différentes, elles ont dû se souvenir de deux listes de règles. Par exemple, dans la maison de leur mère elles devaient ranger leur assiette après le repas, mais pas chez leur père. Chez leur mère, elles pouvaient faire tout le bruit qu'elles voulaient, mais pas chez leur père qui vivait en appartement. Elles pourraient déranger les voisins si elles faisaient trop de bruit. Elles devaient donc jouer calmement. Parfois, elles oubliaient qu'elles étaient chez leur père et faisaient trop de bruit, ce qui provoquait des reproches. Surtout que les voisins cognaient dans le mur pour leur dire de se calmer.

Au début du divorce, il sera difficile de se souvenir des règles pour chaque maison. Mais avec le temps, tu vas t'y faire. Il peut être utile de faire la liste des règlements et de la placer dans un endroit où tu peux la voir.

Maisons différentes, règlements différents

Instructions

Dessine ta maman ou colle une photo d'elle dans le cadre. Inscris les règlements chez ta mère. Note en bas de la page d'autres règlements.

Les règles chez maman

Qui fait la cuisine? ____________________ Qui lave la vaisselle? ____________________

Qui sort les ordures? ____________________ Qui lave les vêtements? ____________________

L'heure du bain ____________________ L'heure d'aller au lit ____________________

Qui range les jouets? ____________________ Où puis-je faire du désordre? ____________________

Où est-il interdit de laisser un désordre? ____________________

Les jeux que je peux faire à l'extérieur seulement ____________________

Autre ____________________

Maisons différentes, règlements différents

Activité 25

Dessine ton père ou colle une photo de lui dans le cadre. Inscris les règlements chez ton père. Note en bas de la page d'autres règlements.

Les règles chez papa

Qui fait la cuisine? ____________________ Qui lave la vaisselle? ____________________

Qui sort les ordures? ____________________ Qui lave les vêtements? ____________________

L'heure du bain ____________________ L'heure d'aller au lit ____________________

Qui range les jouets? ____________________ Où puis-je faire du désordre? ____________________

Où est-il interdit de laisser un désordre? ____

Les jeux que je peux faire à l'extérieur seulement ____

Autre ____

Encore plus

Parfois, les enfants se mettent en colère quand ils sont obligés d'obéir aux parents. Ils n'aiment pas se faire dire quoi faire ou ne pas faire. Mais généralement, ils comprennent pourquoi il existe des règles.

Qu'est-ce qui se produirait si personne ne respectait les règles ?

____

____

____

Pourquoi penses-tu que les règles sont différentes selon les maisons ?

____

____

____

Pourquoi penses-tu que certaines règles sont identiques ?

____

____

____

Maisons différentes, règlements différents

Parfois, les enfants sont en colère parce qu'ils ont l'impression que leurs parents ont enfreint certaines règles en divorçant. T'es-tu senti(e) comme ça ?

☐ Oui ☐ Non

Qu'en penses-tu ?

Activité
26

S'organiser

Ce que tu dois savoir

Quand tes parents vivent dans deux endroits différents et que tu dois faire la navette entre les deux, tu dois te souvenir de beaucoup de choses. Tu dois te souvenir du jour où tu dois quitter une maison pour l'autre et ce que tu peux apporter avec toi. Si tu t'organises, tu te souviendras plus facilement.

Avant de partir pour l'école chaque vendredi matin, Zacharie se sentait frustré. Il ne se souvenait pas s'il devait prendre l'autobus pour se rendre chez sa mère ou si c'était un vendredi où son père viendrait le chercher pour passer la fin de semaine avec lui. Si c'était la fin de semaine de sa maman, tout ce qu'il devait apporter à la maison c'était son cahier de devoirs. Si c'était celle de son papa, il devait avoir avec lui ses devoirs et aussi dans son sac à dos tout ce dont il avait besoin chez son papa. Parfois, il oubliait et ses parents se mettaient en colère contre lui ou se querellaient entre eux. Il se sentait très mal quand cela se produisait.

Un vendredi matin, son professeur lui demanda comment il allait, car il ne semblait pas en forme. Zacharie lui expliqua qu'il avait pensé que c'était un week-end chez maman, alors il n'avait pas pris son sac avec lui. Maintenant, il pensait que c'était la fin de semaine de son père, mais il n'en était pas certain.

Le professeur lui expliqua que pour se souvenir de ce qu'il devait faire, il prenait tout en note. Il lui montra son agenda quotidien qu'il conservait toujours avec lui. Il y avait un calendrier où tout était inscrit, par exemple aller à l'épicerie. Il y avait un espace pour noter ce qu'il ne fallait pas oublier comme ce qu'il fallait acheter à l'épicerie. Le professeur proposa à Zacharie de l'aider à se construire un agenda.

Ensemble, ils firent un calendrier. Dans le calendrier, le père et la mère de Zacharie inscrivirent les jours où il devait être avec l'un ou l'autre.

Le professeur l'aida aussi à dresser une liste de choses qu'il devait mettre dans son sac. Zacharie donna la liste à sa maman qui la plastifia et l'attacha au sac avec une chaînette. Alors, chaque fois que Zacharie devait aller chez son père, il consultait la liste et se souvenait de ce qu'il fallait apporter.

Instructions

Utilise ce calendrier pour inscrire les jours que tu passes chez ta mère et ceux chez ton père. Si tu as besoin d’aide, demande à tes parents ou à un adulte qui connaît ton calendrier. Tu peux copier cette page et faire un nouveau calendrier pour chaque mois. Garde une copie dans chacune des maisons.

Mois ____________________

S'organiser

Ci-dessous, prends en note tout ce que tu dois prendre avec toi selon que tu vas chez maman ou papa. Ce peut être ton cahier d'exercices, une brosse à dents, des vêtements ou toute autre chose dont tu dois te souvenir. Demande à tes parents de t'aider à faire la liste la plus complète possible. Quand tu auras terminé, prends cette feuille, couvre-la d'un plastique comme Zacharie a fait. Puis place-la dans un endroit où tu peux la voir quand tu fais tes bagages.

Encore plus

Comment penses-tu que Zacharie a réagi quand il n’a pas pu se souvenir si c’était la fin de semaine de son père ou de sa mère ?

____

Selon toi, comment se sentait-il quand son professeur l’a aidé à s’organiser ?

____

Te souviens-tu facilement ou difficilement des choses que tu dois faire ? ____________

Quand tu ne te sens pas bien, se souvenir de tout peut devenir plus difficile. Te sens-tu mal ou es-tu fâché(e) quand tu dois aller visiter ton père ou ta mère ?

☐ Oui ☐ Non

Pourquoi ?

____

____

____

Une fois que tu te seras bien organisé(e), tu te souviendras plus facilement de ce que tu dois faire. Il est important que tu sois patient(e) avec toi-même. Si tu fais une erreur, tu peux essayer de nouveau.

Activité 27

La transition entre les maisons

Ce que tu dois savoir

Pendant le divorce, une des périodes les plus difficiles à supporter est celle de la transition, en particulier le moment où tu quittes une maison pour te rendre dans l'autre. Durant ce temps, il est normal de se sentir triste, mais tu peux apprendre à rendre cette période moins difficile.

Dans l'école de Bernard, il existe un groupe spécial pour les enfants de parents divorcés. Le groupe se réunit tous les lundis matin durant une heure. Un psychologue dirige le groupe et aide les élèves à parler de leurs sentiments et de leurs réactions par rapport au divorce.

Lors d'une de ces rencontres, Bernard expliqua qu'il avait eu une fin de semaine vraiment médiocre. Quand sa mère était venue le chercher à la maison de son père, il était en train de jouer à la balle avec lui. Il voulait continuer à jouer et il s'était mis en colère. Colin raconta que ses parents s'engueulaient chaque fois qu'on venait le prendre et cela le rendait malheureux. Marthe dit qu'elle était tellement triste quand elle quittait la maison de sa maman qu'elle fondait en larmes.

Le psychologue remarqua que la période de transition semblait être difficile pour chacun et il leur demanda de trouver des moyens de la rendre plus facile à vivre. Les enfants en parlèrent entre eux et se rendirent compte qu'il existait deux manières de se faciliter la vie durant ce temps. Le premier moyen était d'accepter la tristesse et d'y faire face. Le second était de se livrer à une activité qui les distrayait de leur tristesse. Et ils firent une liste.

Comment on peut faire face à la tristesse

1. Quand tu te rends chez l'un de tes parents, tu peux apporter avec toi une photo de l'autre parent.

2. Quand tu quittes la maison, tu peux noter l'heure et le jour de ton retour.

3. Si tu as les numéros de téléphone de tes deux parents, tu pourras appeler quand tu t'ennuieras de l'un d'eux.

4. Quand tu quittes l'une des maisons, tu peux embrasser ou serrer la main de ton parent d'une façon spéciale. C'est une manière de dire: «Je t'aime beaucoup. À très bientôt.»

5. Tu peux demander à tes parents de répéter qu'ils t'aiment encore, même s'ils sont divorcés.

6. Quand tu quittes l'un de tes parents pour te rendre chez l'autre, tu peux apporter quelque chose avec toi jusqu'à ton retour. Ce peut être un de tes jouets préférés, ou un cadeau spécial d'un de tes parents, ou un mot ou encore un objet qu'on te laisse emprunter.

7. Tu peux pleurer un peu et laisser tes pleurs exprimer tes sentiments.

Comment oublier la tristesse

1. Sur le chemin du retour, tu peux raconter à ton parent ce qui t'est arrivé de plus agréable depuis la dernière fois que vous vous êtes vus.

2. Tu peux prendre dans l'auto un de tes livres favoris, regarder les images ou lire l'histoire.

3. Tu peux jouer au jeu de l'Alphabet durant le trajet entre les deux maisons. Pour jouer à ce jeu, tu regardes dehors et tu essaies de trouver quelque chose qui commence par chacune des lettres de l'alphabet, comme avion, bébé, chat, etc.

4. Tu peux jouer aux plaques d'immatriculation. (Pour ce jeu, tu dois trouver le plus grand nombre de plaques d'immatriculation de provinces différentes. Prends-les en notes pour t'en souvenir.)

5. Tu peux te souvenir du film le plus comique que tu as jamais vu et raconter la partie qui t'a fait rire le plus.

6. Tu peux jouer à « Voir quelque chose de nouveau. » (Pour ce jeu, tu regardes par la fenêtre et tu essaies d'identifier des choses que tu n'as jamais vues auparavant. Un édifice, une personne, un animal ou autre.)

7. Tu peux aussi penser à un jeu en particulier auquel tu voudras jouer en arrivant à la maison ou à une activité plaisante à laquelle tu te livreras.

Instructions

Examine la liste que le groupe a dressée et encercle les solutions qui pourraient t'aider.

Invente une poignée de main spéciale ou une caresse que tu peux utiliser avec tes parents. Décris-là ici.

____

____

____

____

Imagine un jeu amusant auquel tu peux jouer entre les deux maisons.

____

____

____

____

____

____

____

____

____

____

Encore plus

Plusieurs enfants expliquent ainsi pourquoi ce déménagement est difficile :

- Cela te rappelle que tes parents sont divorcés. S'il en était autrement, tu ne te promènerais pas entre deux maisons.
- Parfois les parents se querellent quand ils se voient.
- C'est difficile de partir parce que tu sais que tu vas t'ennuyer du parent que tu quittes.
- Tu peux oublier des choses dans une maison et être obligé d'attendre une semaine pour les retrouver.

Il y a la perte des parents, mais aussi celle des amis qui vivent dans le quartier.

Mets une étoile à côté de chaque raison qui s'applique à toi. Puis ajoute tes propres raisons.

____

____

____

Tes parents sont-ils conscients que la transition peut être une période difficile ? ☐ Oui ☐ Non

S'ils ne le savent pas, comment pourrais-tu leur dire ? ____________________

____

____

Tu peux aussi écrire ta propre liste de moyens qui pourraient rendre la transition plus facile. Conserve une copie de cette liste dans les voitures de tes parents ou dans le sac à dos que tu prends quand tu changes de maison.

Quand les parents se querellent

Ce que tu dois savoir

C'est normal que tu te sentes mal et inconfortable, même effrayé, quand tes parents se querellent. Il existe des moyens pour t'aider à te sentir mieux dans ces circonstances.

Les parents d'Éric se querellent moins qu'avant, maintenant qu'ils sont divorcés et vivent dans deux maisons différentes. Mais parfois, quand sa maman vient le chercher chez son papa, les deux se querellent, se chicanent et crient très fort. Éric se sent très mal quand il vit cela. Il est effrayé et triste et il souhaite qu'ils cessent de se quereller.

Le psychologue d'Éric lui a appris un jeu qui pourrait l'aider quand ses parents se querellent. Le jeu s'appelle DDV. Ce jeu a été inventé spécialement pour aider les enfants dont les parents se querellent. Quand Éric fut familier avec le jeu, il est parvenu à se sentir mieux quand ses parents criaient.

Quand les parents se querellent

Activité 28

Instructions

Les trois lettres DDV te disent ce que tu dois faire quand tes parents crient. Elles signifient :

D – Dis à tes parents comment tu te sens quand ils se querellent.

D – Demande-leur gentiment d'arrêter. S'ils ne cessent pas…

V – Va quelque part, loin d'eux où tu ne les entends pas crier.

Ces dessins racontent comment Éric a joué au DDV pour se sentir mieux quand ses parents se querellaient. Numérote les dessins de 1 à 9 pour indiquer le bon ordre dans l'histoire.

Encore plus

As-tu déjà entendu tes parents se quereller? ☐ Oui ☐ Non

Si tu as répondu oui, raconte l'incident et comment tu te sentais.

____

____

____

As-tu déjà tenté d'arrêter tes parents de se quereller? ☐ Oui ☐ Non

Comment as-tu fait? ______________________________

As-tu eu du succès? ☐ Oui ☐ Non

Imagine que tes parents se querellent maintenant et que tu décides de jouer au DDV.

Que leur dirais-tu? **D**is-leur comment tu te sens

____

____

Comment leur **D**emanderais-tu d'arrêter?

____

____

Dis-leur où tu **V**as pour ne plus les entendre crier

____

____

Souviens-toi que lorsque tes parents argumentent entre eux, c'est un problème entre eux et que tu n'en es pas responsable. Même s'ils se querellent à ton sujet, ce sont eux qui décident d'avoir cette discussion. C'est eux aussi qui doivent décider quand arrêter.

Pris entre les deux

Activité
29

Ce que tu dois savoir

Quand tes parents divorcent, parfois ils peuvent te mettre dans une situation où tu te sens pris entre les deux et leurs problèmes. Souvent les parents ne se rendent pas compte que ce n'est pas bien pour toi. Tu peux dire à tes parents comment tu te sens dans ce genre de situation pour t'en sortir.

Mercredi dernier, la mère de Samuel est arrivée une heure en retard à la maison de son père. Son père était en colère et a dit à Samuel que sa mère était une pauvre perdante irresponsable. Puis il ajouta : « Ne répète pas ça à ta mère parce qu'elle pourrait cesser de te donner de l'argent de poche. » Puis il dit : « Ne lui dis pas que nous avons acheté une nouvelle télé parce que je n'arrêterai pas d'en entendre parler. Dis-lui seulement que c'est un cadeau de grand-maman. »

Samuel n'aime pas être mêlé aux problèmes de ses parents. Il aime ses parents et ne veut pas entendre des mauvaises choses, garder des secrets ou leur mentir à l'un ou à l'autre. Il souhaite qu'on le laisse en dehors de leurs problèmes mutuels, mais il ne sait pas comment faire.

Les parents ne se rendent peut-être pas compte que leur comportement blesse Samuel. Samuel peut le leur communiquer en transposant ses sentiments en mots.

Pris entre les deux

Instructions

Chaque bulle propose une phrase qu'un enfant pourrait dire. Choisis celle qui te convient et inscrit le numéro correspondant dans les dessins.

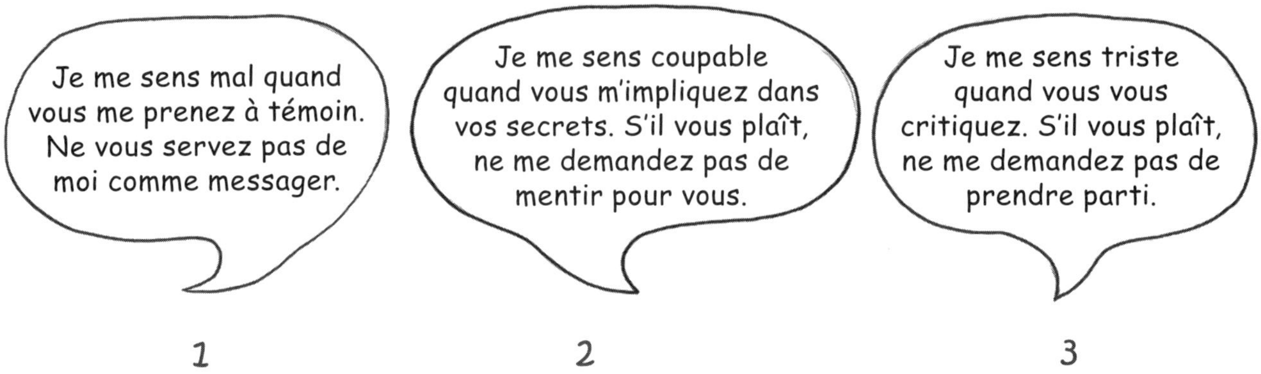

Encore plus

Relis l'histoire de Samuel de la page 113. Comment crois-tu qu'il s'est senti quand son père a prononcé ces paroles ?

____

____

Crois-tu que son père savait comment Samuel se sentait ? ☐ Oui ☐ Non

Qu'est-ce que Samuel aurait pu dire à son père pour qu'il cesse de le placer entre les deux de cette façon ?

____

____

____

Qu'est-ce que tes parents ont pu dire ou faire pour que tu te retrouves pris entre les deux ?

____

____

____

Que peux-tu leur dire pour qu'ils comprennent comment tu te sens ?

____

____

____

Si tes parents te placent dans cette situation, montre-leur cette activité et avoue-leur tes sentiments.

Activité
30

Blâmer le divorce

Ce que tu dois savoir

Si le divorce de tes parents te rend malheureux(se), il est facile de rendre le divorce responsable de tout ce qui te rends malheureux. Au début, cela peut te rassurer, mais à la longue, tu te sentiras de plus en plus mal. Tu ne peux annuler le divorce. Alors, si tu ne changes pas ta vision des choses, tu seras toujours malheureux(se). Tu peux apprendre à te sentir mieux dans ta peau en devenant responsable.

Quand Mégane a reçu une mauvaise note pour son devoir de mathématique, elle mit cet échec sur le dos du divorce de ses parents. Elle raconta au professeur qu'elle avait fait son devoir chez son père qui ne connaissait rien aux maths. Si ses parents avaient été ensemble, elle aurait pu compter sur l'aide de sa mère.

Un jour, Mégane vola ses crayons à sa sœur. Elle se fit réprimander et dit que le divorce était responsable. Elle annonça à sa mère que s'ils ne s'étaient pas divorcés, elle n'aurait pas oublié ses propres crayons chez son papa et qu'elle n'aurait pas pris ceux de sa sœur.

Quand Mégane se querella avec sa meilleure amie, elle blâma le divorce encore une fois. Elle raconta que si ce n'était pas du divorce, elle se sentirait plus heureuse et qu'elle serait plus gentille avec ses amis.

Dès qu'elle se sentait mal, Mégane rendait le divorce responsable de son malheur. Elle était souvent triste et souvent en colère contre ses parents. Elle expliqua que le divorce avait rendu sa vie misérable. Le psychologue lui répondit que c'était elle qui rendait sa vie misérable. Tant qu'elle rendrait le divorce responsable de tous ses malheurs, elle serait toujours malheureuse, car elle ne pouvait rien changer au divorce. La seule manière de se sentir mieux, c'était de devenir responsable d'elle-même.

Mégane ne savait pas trop comment faire. Le psychologue lui expliqua que lorsqu'elle se sentait mal, elle devait trouver ce qu'elle avait fait pour provoquer ce sentiment et qu'elle devrait réagir pour mieux se sentir. Plus elle se s'exercerait, mieux elle se sentirait.

Instructions

Aide Mégane à devenir responsable d'elle-même. Réponds aux questions.

Pourquoi penses-tu qu'elle a obtenu une mauvaise note ?

____

____

____

Comment pourrait-elle faire la prochaine fois pour recevoir une bonne note ?

____

____

____

Pourquoi penses-tu que Mégane s'est querellée avec son amie ?

____

____

____

Comment pourrait-elle faire pour éviter ce genre de querelle ?

____

____

____

Blâmer le divorce

Pourquoi penses-tu que Mégane n'est pas dehors en train de jouer ?

____

____

____

Que pourrait-elle faire de différent pour se sentir heureuse ?

____

____

____

Pourquoi penses-tu que Mégane ne se laisse par embrasser par ses parents ?

____

____

____

Que pourrait-elle faire de différent pour se sentir aimée ?

____

____

____

Encore plus

Pourquoi penses-tu que Mégane rend le divorce responsable de tout ce qui lui arrive ?

____

____

Comment le fait de rendre le divorce responsable de tout la réconforte-t-elle ? ______________

____

____

Comment au contraire, le fait de rendre le divorce responsable de tout fait en sorte qu'elle se sente mal ?

____

____

T'arrive-t-il de penser que le divorce de tes parents est responsable d'une chose désagréable ?

☐ Oui ☐ Non

Si c'est oui, explique pourquoi. Comment pourrais-tu te responsabiliser plutôt que d'accuser le divorce de tes parents ?

____

____

____

____

____

____

____

Activité
31

Tes parents ne sont ni entièrement bons ni entièrement mauvais

Ce que tu dois savoir

Quand un couple divorce, on cherche un coupable pour expliquer tous les problèmes. Il est important que tu te souviennes qu'aucun de tes parents n'est complètement bon ou complètement méchant.

Quand les parents de Daniel ont divorcé, il a appris qu'il ne verrait pas son papa souvent parce que sa mère pensait qu'il était responsable du divorce. Sa grand-mère et sa tante lui dirent la même chose. Elles racontèrent que son papa était une « pomme pourrie » et qu'il valait mieux pour lui de le voir le moins possible.

Daniel demanda à son professeur ce qu'était une « pomme pourrie ». Elle répondit que c'était une mauvaise personne. Daniel savait que son père avait eu beaucoup de problèmes. Il savait que parfois il buvait trop et qu'il avait perdu plusieurs emplois. Puisque Daniel n'était pas avec son père et qu'il entendait la famille parler de lui négativement, il commença lui aussi à penser que son père était une « pomme pourrie ». Son père n'était pas une bonne personne, ce qui expliquait le divorce. Son père était responsable de sa tristesse.

Mais quand il était avec son père, ils regardaient la télévision ensemble et ils jouaient au base-ball. Son père l'encourageait en lui tapotant la tête et disait : « C'est vraiment mon fils. » Daniel était confus. Si son père était si mauvais, pourquoi était-il aussi gentil avec lui et pourquoi se sentait-il bien avec lui ?

Tes parents ne sont ni entièrement bons ni entièrement mauvais

Activité 31

Instructions

Remplis les espaces à gauche. Puis à droite, dresse une liste des choses que tu aimes ou n'aimes pas.

	Ce que tu aimes	**Ce que tu n'aimes pas**
_______________ *(Ton meilleur ami)*		
_______________ *(Le nom de ton école)*		
_______________ *(Ton passe-temps préféré)*		
_______________ *(Un jeu ou un sport que tu aimes)*		

Maintenant, place chaque chose que tu aimes et déteste sur l'échelle ci-bas, par ordre de préférence.

Détesté | *Plus détesté qu'aimé* | *Moitié / moitié* | *Plus aimé que détesté* | *Aimé*

Encore plus

Pourquoi penses-tu qu'on rend le père de Daniel entièrement responsable du divorce ?

____

____

Crois-tu que le père de Daniel est une « pomme pourrie » ? ☐ Oui ☐ Non
Pourquoi ?

____

____

Était-ce facile ou difficile de penser à des choses que tu aimes ou détestes sur cette liste ?
Pourquoi ?

____

____

Écris le nom d'un élève à l'école que tout le monde déteste. ____________________

Réfléchis et écris quelque chose de favorable à propos de cet élève. ____________________

____

L'un de tes parents pense-t-il que l'autre est complètement mauvais ou complètement bon ?

☐ Oui ☐ Non

Écris quelque chose de bien à propos de chacun de tes parents.

Maman	**Papa**
____________________	____________________
____________________	____________________
____________________	____________________
____________________	____________________

Quand les parents sont très loin

Activité
32

Ce que tu dois savoir

Parfois lors des divorces, il y a un parent qui déménage très loin de l'autre. Cela signifie que tu ne verras pas un de tes parents autant que tu le voudrais et que vous allez vous manquer l'un l'autre. Il y a moyen de rendre cette séparation moins difficile.

Le papa de Josianne vivait maintenant tellement loin qu'elle devrait prendre l'avion pour le voir, ce qui faisait qu'elle ne le voyait pas très souvent. Elle était très triste quand elle quittait sa maison. Son père lui proposa de trouver un moyen de faire quelque chose de spécial pour qu'ils ne se sentent pas si éloignés l'un de l'autre. Le père de Josianne s'assurait toujours qu'elle ait un siège près du hublot dans l'avion. Et quand l'avion s'avançait sur la piste, son père se tenait dans la fenêtre de l'aéroport et il brandissait un chandail rouge pour qu'elle le voit. Il expliqua à Josianne que chaque fois qu'elle verrait le chandail rouge, elle devrait se souvenir qu'il l'aimait et que chaque fois qu'elle verrait du rouge, elle devrait se souvenir qu'il pensait à elle, qu'il l'aimait même s'ils n'étaient pas ensemble.

Ce petit truc du chandail et de la couleur rouge fournirent un moyen à Josianne de se sentir près de lui même quand il n'était pas là. Chaque fois qu'elle voyait un objet rouge, et c'était presque tous les jours, elle se souvenait que son père l'aimait énormément.

Il existe d'autres moyens de se sentir proches des parents qui sont loin et de maintenir le contact.

Activité
32

Quand les parents sont très loin

Instructions

Comment ces enfants restent-ils en contact avec des parents éloignés ?

Quand les parents sont très loin

Activité **32**

Encore plus

As-tu un parent qui vit loin de chez toi ? ☐ Oui ☐ Non

Si tu réponds oui, quel sentiment cet éloignement provoque-t-il chez toi ? ____________________

____

____

Combien de fois peux-tu le visiter ? ____________________

Que faites-vous pour demeurer en contact. ____________________

____

____

Reviens aux dessins des enfants et de leurs parents. Encercle ceux qui représentent ce qui pourrait être un autre moyen pour toi de rester proche d'un parent qui vit loin. Laquelle de ces activités préférerais-tu ?

____

____

Peux-tu imaginer un signe spécial, comme dans l'histoire de Josianne, que tu pourrais inventer avec un de tes parents ?

____

____

____

____

Les parents qui ont besoin d'aide

Activité **33**

Ce que tu dois savoir

Tu as déjà appris dans ce manuel que tu n'es pas responsable du divorce de tes parents, que le problème est un problème entre eux et que peu importe ce qui adviendra, ils ne cesseront pas de t'aimer. Mais parfois, les parents sont tellement troublés par le divorce que leur tristesse se répand sur les enfants. Même si ces parents aiment beaucoup leurs enfants, ils peuvent leur faire de la peine.

Les parents d'Anne étaient divorcés depuis six mois et elle commençait à s'habituer à la situation. Elle faisait partie à l'école d'un groupe appelé « Arc-en-ciel » qui aidait les enfants de parents divorcés à discuter de leurs sentiments à propos de leur situation. Le groupe l'aidait à être moins triste.

Par contre, la mère d'Anne n'acceptait vraiment pas le divorce. Au début, les deux passaient beaucoup de temps à pleurer ensemble. Mais au fur et à mesure qu'Anne se sentait mieux, sa mère se mit à pleurer encore plus. Parfois après le repas le soir, sa mère s'enfermait dans sa chambre et regardait la télévision jusqu'à ce qu'elle s'endorme. Quand Anne lui demandait si elle pouvait entrer, sa mère refusait et lui disait d'aller faire ses devoirs. Parfois elle criait en lui demandant de la laisser seule. Le lendemain matin, sa mère la prenait dans ses bras, lui disait qu'elle regrettait et qu'elle l'aimait beaucoup. Mais elle avait le même comportement le lendemain. Après un certain temps, la maman d'Anne passait toutes ses soirées dans sa chambre et Anne se sentait seule et apeurée.

Anne en parla avec son papa. Il répondit un peu en colère que cela ne l'intéressait pas. Finalement, elle décida d'en parler avec la psychologue du groupe « Arc-en-ciel ». Celle-ci demanda si d'autres enfants vivaient le même genre de situation. Trois enfants levèrent la main. Le premier dit que son père pleurait souvent et qu'il se mettait à boire beaucoup de bières. La deuxième raconta que sa mère ratait des journées de travail parce qu'elle restait au lit. Elle craignait que sa mère soit congédiée. Le troisième expliqua que son père était très en colère et qu'il le rendait responsable du divorce.

La psychologue expliqua que parfois les parents étaient si profondément blessés qu'ils ne savaient plus comment se comporter. Ils pouvaient avoir besoin d'aide, soit d'un médecin ou d'un psychologue. C'était bien d'avoir parlé de la tristesse de leurs parents, car la psychologue pourrait peut-être les aider. Elle entrerait en contact avec leurs parents et les dirigerait vers des personnes qui pourraient les aider à se sentir mieux.

Les parents qui ont besoin d'aide

Instructions

Voici des indices qui te montrent que tes parents sont tellement tristes qu'ils ont besoin d'aide. Coche les comportements qui s'appliquent à tes parents.

- ☐ Crie beaucoup.
- ☐ Dit que le divorce est de ta faute.
- ☐ Se met en colère pour des détails.
- ☐ Te dit des choses méchantes.
- ☐ Pleure beaucoup.
- ☐ Dit des choses méchantes sur l'autre parent.
- ☐ Ne veut pas sortir avec toi ou des amis.
- ☐ Perd beaucoup de poids.
- ☐ Est souvent malade.
- ☐ Prend beaucoup de poids.
- ☐ Ne sourit presque jamais.
- ☐ Dort sans arrêt.
- ☐ Boit trop souvent de l'alcool.

Voici une liste de personnes qui pourraient les aider. Quelle personne pourrait les aider ? Si tu connais son nom, inscris-le.

- ☐ Docteur ______________________
- ☐ Psychologue ______________________
- ☐ Ami(e) ______________________
- ☐ Grand-parent ______________________
- ☐ Tante ______________________
- ☐ Oncle ______________________
- ☐ Professeur ______________________
- ☐ Voisin ______________________

Si tes parents ont besoin d'aide, tu en as besoin toi aussi. Tu peux en parler avec quelqu'un qui t'aidera à faire face. Quelle personne pourrait t'être utile. Si tu connais son nom, inscris-le.

- ☐ Professeur______________________
- ☐ Psychologue ______________________
- ☐ Directeur de l'école ______________________
- ☐ Grand-parent ______________________
- ☐ Tante ______________________
- ☐ Oncle ______________________
- ☐ Chef Scout ______________________
- ☐ Voisin ______________________
- ☐ Entraîneur ______________________
- ☐ Autre adulte en qui tu as confiance ______________________

Encore plus

Consulte la liste des comportement de tes parents que tu as notés. Qu'as-tu remarqué dans ces circonstances ?

____

____

Quels sont tes sentiments à propos de ces comportements ? ______________________

____

As-tu déjà essayé de les empêcher de faire cela ? ☐ Oui ☐ Non

Si oui, comment tu t'y es pris.

____

____

Si un de tes parents est si malheureux, tu ne peux probablement pas l'aider à changer de comportement. Trouve un moyen de parler à quelqu'un qui figure dans la liste et qui peut aider. Explique quand tu demanderas de l'aide et comment tu le feras.

____

____

Trouve un moyen de parler à quelqu'un dans la liste qui peut t'aider. Explique quand tu demanderas de l'aide et comment tu le feras.

____

____

Assure-toi de partager cette information avec tes parents ou avec la personne qui t'aide avec ce livre, ou avec les gens dont tu as inscrit le nom plus haut. C'est le moment de demander de l'aide autant pour tes parents que pour toi.

Activité **34**

Quand un parent disparaît de ta vie

Ce que tu dois savoir

Parfois quand les parents divorcent, certains sont tellement malheureux qu'ils ne veulent plus faire partie de la vie des enfants. Quand cela se produit, les enfants ne sont jamais responsables.

Christine n'a pas vu sa maman depuis deux ans. Quand le divorce s'est produit, sa mère fut très en colère. Et elle pleurait aussi beaucoup. Elle ne portait presque pas attention à Christine, comme si elle ne s'intéressait à rien sauf à sa propre tristesse. Quand elle a déménagé, elle a embrassé Christine, l'a serrée dans ses bras, mais n'a pas prononcé un mot. Elle pleurait et elle est partie. Christine ne l'a pas vue depuis.

Un jour, Christine reçut une lettre de sa mère qui vivait très loin. Elle conserva cette lettre et la lut chaque soir. Chaque fois qu'elle demandait à son père quand elle pourrait voir sa mère, il répondait qu'il ne le savait pas en haussant les épaules.

La psychologue de Christine lui expliqua que parfois les parents sont tellement dérangés par le divorce qu'ils peuvent essayer de fuir leur malheur en déménageant très loin. Elle expliqua que ces parents continuaient d'aimer leurs enfants, mais qu'ils étaient trop malheureux pour être des parents. Christine dit qu'elle était très triste et la psychologue répondit qu'elle comprenait.

Instructions

Dessine un parent qui est très triste d'être déménagé loin d'un enfant aimé.

Décris la tristesse de ce parent. ______________________________

____

____

Décris comment ce parent s'ennuie de son enfant. ______________________________

____

____

Encore plus

Le parent qui a déménagé loin était-il malheureux de cette situation ? ☐ Oui ☐ Non

Si tu as répondu oui, comment cela s'est-il passé et quels sentiments cela a-t-il provoqué ?

____

____

Écris ici une lettre à ton parent éloigné. Dis tout ce qui te passe par la tête et le cœur.

____

____

____

____

____

____

____

____

____

____

____

L'éloignement d'un parent peut provoquer divers sentiments chez toi. Relis les exercices dans ce cahier et apprends comment tu peux t'aider en exprimant tes sentiments et en trouvant des gens qui peuvent t'aider.

Tu ne peux réunir tes parents

Activité **35**

Ce que tu dois savoir

Beaucoup d'enfants rêvent que leurs parents vont se remettre ensemble un jour. Ils vont même penser qu'il y a quelque chose qu'ils peuvent faire pour y arriver. Il est important pour toi de savoir que ce rêve se réalise rarement. Dans presque tous les cas, peu importe ce que les enfants font, ils ne peuvent rien faire pour réunir leurs parents.

Les parents de Jennifer et Carl étaient divorcés. Jennifer expliqua : « J'avais l'habitude de rêver qu'un jour, alors que j'étais à la maison de mon père, je me blessais à la jambe en tombant de vélo. Mon père appelait maman et elle venait tout de suite. Pendant qu'ils s'occupaient de ma jambe et de mon vélo, ils se rendaient compte qu'ils s'aimaient encore et ils revenaient ensemble. »

Carl raconta : « Je rêvais souvent que maman venait dans ma chambre et qu'elle s'inquiétait de me voir si triste. Elle me demandait ce qui n'allait pas et je lui disais que je voulais qu'elle revienne avec papa. Et elle me répondait : "Si cela te rend tellement triste, nous allons revenir ensemble." »

Aucun de leur rêve ne se réalisa.

Presque tous les enfants souhaiteraient que leurs parents reviennent ensemble, mais même si tu souhaites, espères ou rêves, tu peux rien n'y faire. Ce ne sont que des illusions.

Instructions

Dans les paires de dessins qui suivent, un des éléments est réel et l'autre seulement un rêve irréalisable. Colorie ce qui est réel et relie chacun des éléments à la zone réelle. Fais la même chose avec les rêves irréalisables et relie chacun des éléments à la zone des souhaits.

Encore plus

As-tu déjà souhaité que tes parents reviennent ensemble ? ☐ Oui ☐ Non

Si tu as répondu oui, comment souhaiterais-tu que cela arrive ? ______________________

____

____

____

____

____

Penses-tu que ton souhait est réaliste ? ☐ Oui ☐ Non

Si tu as répondu non, comment te sens-tu ? ______________________

____

____

____

____

____

____

Si tu as répondu oui à la deuxième question, montre cette page à tes parents et demande-leur si ta réponse est juste. Discute avec eux et exprime tes sentiments.

Activité **36**

Les parents divorcés peuvent avoir des rencontres sentimentales

Ce que tu dois savoir

Il est normal pour les célibataires de sortir et de rencontrer d'autres célibataires. Tu ne considères peut-être pas tes parents comme des célibataires parce qu'ils sont des parents. Mais comme ils sont divorcés, les deux peuvent rencontrer d'autres personnes libres.

Les parents de Mario étaient divorcés depuis deux ans. Un jour, sa maman revint du gym avec un grand sourire. Elle chantonnait tout en faisant le ménage. Mario lui demanda ce qui se passait parce que normalement elle n'aimait pas nettoyer. Elle lui répondit qu'un homme l'avait invitée pour dîner le week-end suivant et qu'elle avait accepté. Elle chantait parce qu'elle était heureuse et avait très hâte de revoir cet homme.

Mario était furieux. Le comportement de sa mère l'embarrassait. Il était furieux parce que lors du dîner, sa mère ferait venir une gardienne. Il se demanda si elle aimerait tellement cet homme qu'elle l'oublierait, lui son enfant. Il décida de ne pas être gentil avec l'homme. Il refusa de dire bonjour et prit un air coléreux. L'homme lui demanda alors s'il accepterait de venir manger avec eux. Il ne savait pas quoi répondre. Il ne voulait pas vraiment y aller, mais en même temps, il ne voulait pas qu'eux y aillent sans lui. Il était tellement mêlé qu'il courut dans sa chambre et claqua la porte.

Instructions

Dresse une liste des sentiments que Mario, selon toi, ressentait. Pourquoi avait-il ce sentiment ?

Mario s'est senti ______________________ parce que ______________________

Mario s'est senti ______________________ parce que ______________________

Mario s'est senti ______________________ parce que ______________________

Mario s'est senti ______________________ parce que ______________________

Mario s'est senti ______________________ parce que ______________________

Mario s'est senti ______________________ parce que ______________________

Maintenant pense à deux fins différentes pour cette histoire. Dans un cas, Mario se sent heureux et dans l'autre, malheureux. Dessine chaque fin dans les carrés et raconte l'histoire.

Encore plus

Penses-tu que Mario a le choix entre le bonheur et la tristesse ? ☐ Oui ☐ Non

Pourquoi ? ______________________________

____

Si tu étais Mario, quelle issue choisirais-tu et pourquoi ?

____

____

Tes parents rencontrent-ils d'autres personnes ? ☐ Oui ☐ Non

Si oui, raconte ce qui est arrivé. ______________________________

____

Décris tes sentiments devant cette situation. ______________________________

____

Penses-tu que les enfants peuvent empêcher leurs parents de rencontrer d'autres personnes ?

☐ Oui ☐ Non

Pourquoi ? ______________________________

____

Les parents devraient-ils écouter les commentaires de leurs enfants à propos de leurs fréquentations ?

☐ Oui ☐ Non

Pourquoi ? ______________________________

____

Peu importe si tes parents ont des fréquentations, il serait probablement utile que tu en parles avec eux. Si tu ne sais pas comment aborder le sujet, l'Activité 4 « Parler avec ses parents à propos du divorce » pourra t'aider.

Tes parents t'aiment toujours même s'ils commencent à fréquenter quelqu'un

Activité **37**

Ce que tu dois savoir

Les relations que tes parents peuvent avoir avec leur amoureux ou amoureuse diffèrent de celle qu'ils ont avec toi. Si un de tes parents commence à aimer quelqu'un qu'il fréquente, cela ne change pas ni ne diminue l'amour qu'il a pour toi.

Jacques et Benoît n'étaient pas bien. Comme d'habitude, ils passaient le week-end avec leur père, mais il y avait quelque chose de différent. Leur père avait invité une femme nommée Suzanne pour les accompagner à la pêche. Suzanne avait été gentille à leur endroit et elle avait même fait des brownies pour apporter au lac. Durant toute la journée, leur père passa beaucoup de temps à parler avec Suzanne. Les deux garçons s'inquiétaient : peut-être que leur père commençait à trop aimer Suzanne et qu'il n'aurait plus de temps pour les aimer. Il pourrait peut-être décider de partir au lac seul avec Suzanne et de les laisser à la maison. Jacques et Benoît avaient peur et ne savaient pas comment réagir.

Un soir, leur père les surprit en train de parler tout bas dans leur chambre. Il leur demanda de quoi ils parlaient. Au début, ils ne répondirent pas, puis Benoît, en hésitant, avoua qu'ils parlaient de Suzanne.

Ce soir-là, les trois parlèrent longuement de Suzanne. Les garçons expliquèrent leurs craintes et le père exprima ses sentiments envers Suzanne. Il expliqua qu'il l'aimait beaucoup. Il voulait l'amener à la pêche avec eux à nouveau, mais aussi visiter tous les quatre d'autres endroits. Il leur expliqua aussi que sa relation avec Suzanne était complètement séparée et différente de celle qu'il avait avec eux. Il ajouta que peu importe son affection pour Suzanne, cela ne changerait jamais et ne diminuerait jamais l'amour qu'il avait pour eux. Après cette conversation, les deux garçons furent heureux d'avoir parlé de Suzanne avec leur père.

Activité
37

Tes parents t'aiment toujours même s'ils commencent à fréquenter quelqu'un

Instructions

Si un de tes parents a une rencontre sentimentale, fais un portrait du couple ou colle une photo dans le cadre.

Puis, ajoute une photo ou dessine un portrait de toi et du parent dans le deuxième cadre.

Tu peux constater que les deux images sont complètement différentes. C'est ainsi que les relations sont différentes dans la vie réelle. La relation de tes parents avec leurs amoureux diffère de leur relation avec toi. Dessine un cœur autour de l'image de toi et de ton parent pour que tu te souviennes que cet amour ne disparaîtra jamais.

Encore plus

Comment t'es-tu senti(e) quand un de tes parents est sorti avec quelqu'un et pourquoi as-tu eu ce sentiment ?

___

___

___

Comment te sens-tu quand tu regardes une image de ce parent avec l'autre personne et pourquoi te sens-tu ainsi ?

___

___

___

Comment te sens-tu quand tu regardes la photo de toi et de ton parent qui est entourée d'un cœur ?

___

___

___

Explique comment ce parent t'aime et pourquoi tu en es certain.

___

___

___

Si tu t'inquiètes parce que tes parents sortent trop et qu'ils ne te consacrent pas assez de temps, montre-leur cet exercice et parle de tes sentiments.

Activité 38

Papa et maman vont peut-être se remarier

Ce que tu dois savoir

Tu as une mère et un père biologiques. Peu importe où ils vivent ou avec qui ils vivent, ils restent tes parents. Rien ne peut changer cela.

Cela faisait cinq ans que les parents de Christine étaient divorcés. Sa mère fréquentait Georges depuis deux ans. Georges était gentil avec Christine et elle l'aimait bien. Georges avait deux enfants et elle s'entendait bien avec eux. Mais quand sa mère lui annonça qu'elle allait se marier avec Georges, Christine se sentit troublée. Elle avait déjà un père qu'elle aimait et elle n'en voulait pas un deuxième. Elle aimait Georges comme un ami, mais elle ne le souhaitait pas comme parent. Christine dit à sa maman qu'elle ne voulait pas un nouveau père et qu'elle ne voulait pas qu'ils se marient.

Sa maman lui expliqua que Georges ne serait pas son nouveau papa. Christine avait raison ; elle avait déjà un père et n'avait pas besoin d'un deuxième. Georges ne tenterait jamais de prendre la place de son père biologique. Il serait son « beau-père ». Cela signifiait qu'il continuerait à être son ami et qu'il tenterait de prendre soin d'elle ou de l'aider.

La mère de Christine ajouta que ce serait peut-être bon pour Christine de parler de ses sentiments avec Georges et de lui expliquer quelle relation elle souhaitait avoir avec lui. Mais Christine n'était pas certaine qu'elle souhaitait parler de cela avec Georges. C'est lui qui aborda le sujet. Il lui demanda comment elle réagissait à la pensée de l'avoir comme beau-père et il écouta sa réponse. Il lui dit qu'il ne tenterait jamais de remplacer son père biologique, mais qu'il ferait tout son possible pour prendre soin d'elle et l'aider. Cela rassura Christine. Elle se dit même que ce serait peut-être plaisant d'avoir un beau-père.

Instructions

Ce dessin représente l'arbre familial qui montre les relations entre chacun des membres de la famille. Inscris les noms des gens dans ta famille biologique en partant de ton nom au bas de l'arbre.

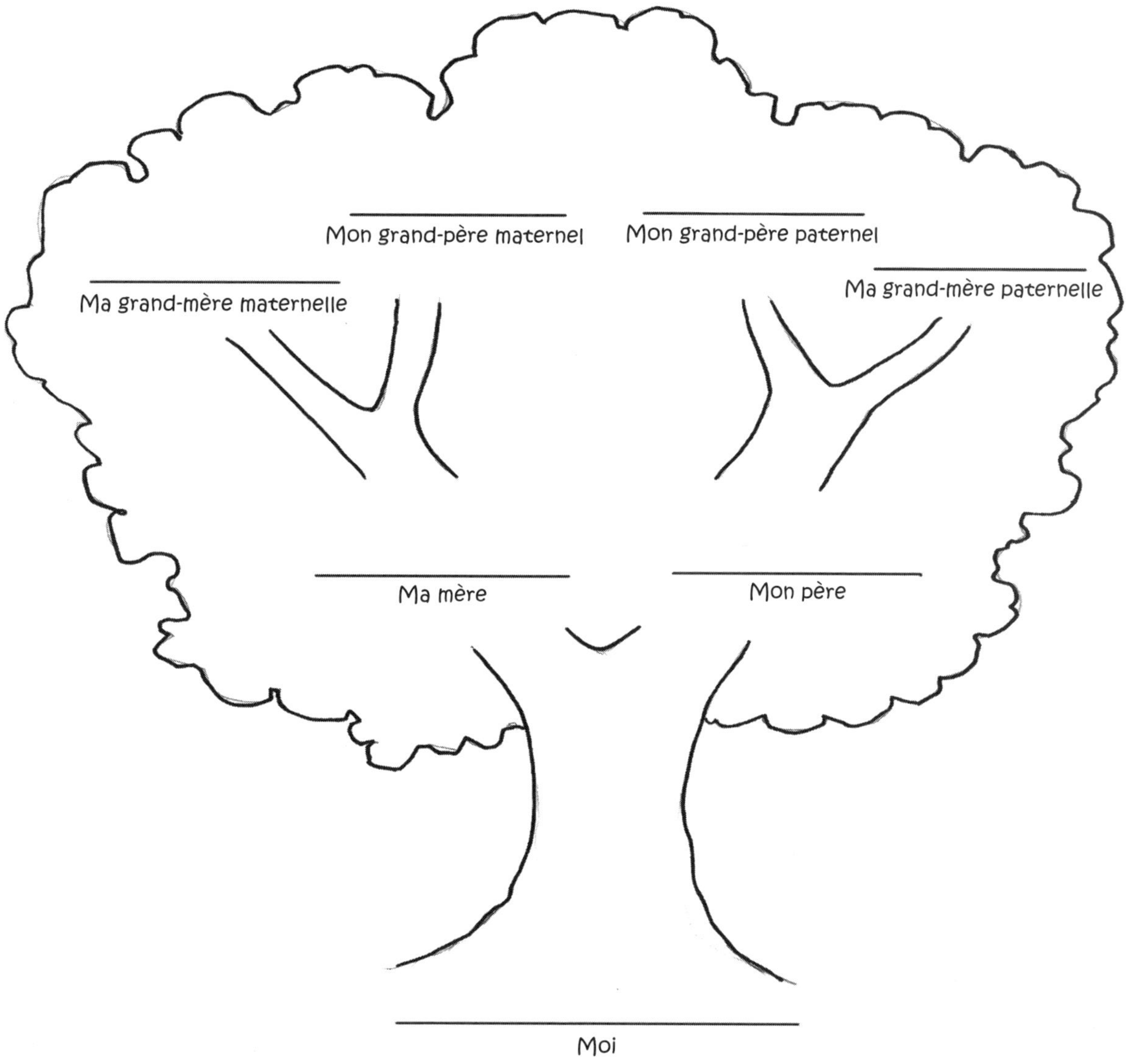

C'est l'arbre de ta famille biologique. Cette famille ne changera jamais, même si tes parents divorcent et même s'ils se remarient.

Encore plus

As-tu déjà vécu une situation semblable à celle de Christine ? ☐ Oui ☐ Non

Si tu as dit oui, décris-la ______________________________

____

Que penses-tu des parents qui se marient à nouveau ?

____

____

Qu'est-ce que tu n'aimerais pas si tes parents se remariaient ?

____

____

Quelles questions aimerais-tu poser à quelqu'un qui pourrait devenir un beau-parent ?

____

____

Qu'aimerais-tu lui dire ?

____

____

Si tu n'as jamais discuté de ce sujet avec tes parents, montre-leur cet exercice et discute avec eux de tes pensées et de tes sentiments.

Un début et une fin

Activité
39

Ce que tu dois savoir

Ce n'est pas parce que tu termines ce livre que tu as fini d'apprendre les façons de faire face au divorce de tes parents. Tu vas trouver encore d'autres moyens de prendre soin de toi-même.

Quand tes parents divorcent, c'est la fin des choses telles qu'elles étaient. Mais c'est aussi le début de nouvelles choses. C'est peut-être la fin de ta famille telle que tu l'as connue, mais c'est aussi le début de ta nouvelle situation familiale.

Si tu as fait tous les exercices, tu as beaucoup appris sur les moyens de faire face au divorce de tes parents. Dans l'avenir, tu devras cependant faire face à de nouvelles situations. Tu auras l'occasion d'apprendre encore plus et de développer ta capacité de prendre soin de toi.

Un début et une fin

Instructions

Dans la colonne de gauche, dresse une liste de ce qui est terminé dans ta vie. Dans la colonne de droite. dresse une liste de ce qui commence à cause de cette fin. Par exemple, quand tu étais bébé, tu as cessé de ramper à un certain moment. C'était une fin. Puis, tu as commencé à marcher – c'était un début. Quand tu as quitté la garderie, c'était une fin, mais ton entrée à la maternelle était un commencement.

Ce qui est fini	Ce qui commence

Encore plus

Examine la liste des débuts et des fins. À chaque étape tu as beaucoup appris. Qu'as-tu appris ?

Maintenant, pense à tous les débuts et à toutes les fins que tu vas connaître dans ta vie. Transcris-les ici.

Que peux-tu apprendre de ces étapes futures de ta vie ?

Quels ont été la meilleure fin et le meilleur début de ta vie ?

Félicitations !

Ce que tu dois savoir

Si tu as fait les activités dans ce livre, tu as pris les moyens de faire face au divorce de tes parents. C'est une réussite importante et tu peux te féliciter toi-même pour cet effort.

Tu peux être très fier(ère) de toi, car tu as travaillé sur une situation difficile. Cela signifie que tu es fort(e) et que tu as les qualités pour te débrouiller. Tu mérites une récompense pour tant de travail.

Instructions

Sur la copie du diplôme qui suit, inscris ton nom. Décore-le ou colorie-le de la manière qui te plaît. Demande à un adulte de le signer pour toi. Après, encadre le diplôme ou mets-le dans un endroit où tu le verras souvent. Tu pourras ainsi te souvenir du beau travail que tu as fait en utilisant ce livre.

Ce diplôme est décerné à

____

parce qu'il(elle) a bien
complété les activités
de ce Guide d'entraide
pour parents et enfants

Félicitations !

Signé par ______________________________

Date ______________________________

Encore plus

Dresse une liste de dix choses que tu as apprises en utilisant ce livre.

1. ________________________________
2. ________________________________
3. ________________________________
4. ________________________________
5. ________________________________
6. ________________________________
7. ________________________________
8. ________________________________
9. ________________________________
10. ________________________________

Quels sont les sujets à propos desquels tu as encore besoin d'aide ?

____

____

____

____

Montre cet exercice à un adulte pour célébrer ton succès et pour qu'il découvre comment tu as encore besoin d'être aidé(e).

Lisa M. Schab, LCSW, est travailleuse sociale diplômée et travaille dans la banlieue de Chicago. Elle rédige une chronique mensuelle de conseils pour les parents dans le magazine Chicago Parent. Elle a aussi écrit sept livres de conseils pour enfants et parents. Schab enseigne la prise en main de soi et donne des ateliers de relaxation pour le public ainsi que des cours pour les thérapeutes. Elle détient un baccalauréat de l'Université Northwestern et une maîtrise en travail social clinique de l'Université Loyola.